Contraste insuffisant des couvertures
supérieure et inférieure

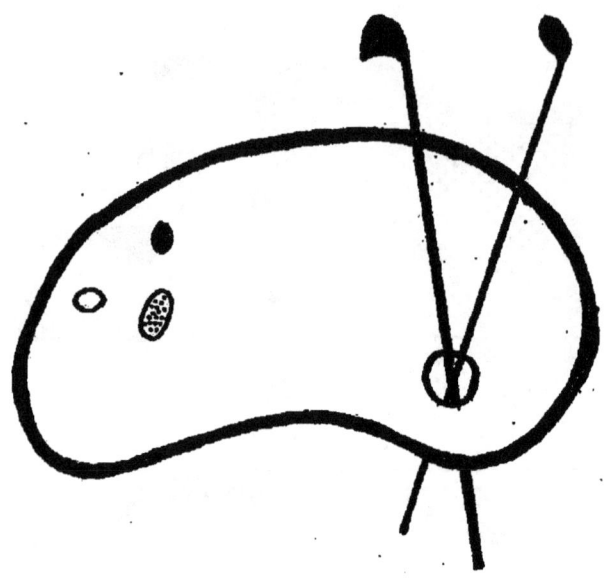

**DEBUT D'UNE SERIE DE DOCUMENTS
EN COULEUR**

&R
14946

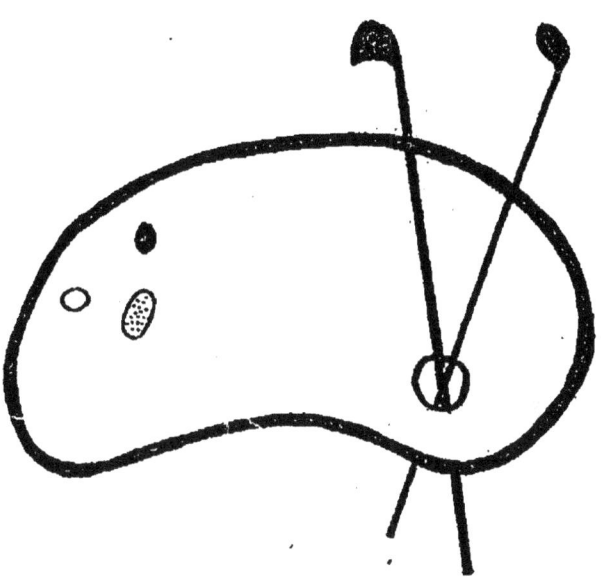

**FIN D'UNE SERIE DE DOCUMENTS
EN COULEUR**

Les Assemblées du Clergé

et le Protestantisme

QUESTIONS HISTORIQUES

Les Assemblées du Clergé

et le Protestantisme

PAR

I. BOURLON

Professeur à l'Institution Saint-Etienne de Châlons-sur-Marne

PARIS
LIBRAIRIE BLOUD & Cie
7, PLACE SAINT-SULPICE, 7
1909

Reproduction et traduction interdites

DU MÊME AUTEUR

Les Assemblées du Clergé sous l'Ancien Régime (424-425), 2 vol. Prix.................... **1 fr. 20**

MÊME SÉRIE

Ageorges (J.). — *La Vie et l'Organisation du Clergé sous l'Ancien Régime.* **Les Réguliers** (349)...... 1 vol.

— **Le Clergé rural sous l'Ancien Régime.** Sa vie et son organisation. Epilogue : **Le rôle social du curé de campagne à la fin du XVIIIᵉ siècle,** par Georges Goyau (394)........................... 1 vol.

Bréhier (L.), professeur à l'Université de Clermont. — **La Querelle des images** (vIIIᵉ-Ixᵉ siècle) (308)... 1 vol.

Brière (Yves de la). — **La Conversion de Henri IV**, *Saint-Denis et Rome* (1593-1595) (310)........... 1 vol.

— **Ce que fut la « Cabale des Dévots » (1630-1660)** (384).. 1 vol.

Deslandres (P.), archiviste-paléographe. — **Le Concile de Trente et la réforme catholique au XVIᵉ siècle.** (387).. 1 vol.

Dunand (P. H.), auteur de « l'Histoire complète de Jeanne d'Arc ». — **Jeanne d'Arc a-t-elle abjuré au cimetière de Saint-Ouen ?** *La vérité sur le Drame du 24 Mai 1431, d'après les conclusions présentées à Paris au Congrès des Sociétés savantes, le 1ᵉʳ avril 1902* (225).
1 vol.

Kurth (G.), professeur à l'Université de Liège. — **Qu'est-ce que le Moyen Age ?** (374).......... 1 vol.

Rastoul (A.), archiviste paléographe.— **Les Templiers (1118-1312)** (329) .... 1 vol.

— **L'Unité religieuse pendant le Grand Schisme d'Occident (1378-1417)** (294)............... 1 vol.

Romain (C.). — **L'Inquisition,** *son rôle religieux, politique et social* (38)........................... 1 vol.

Sortais (C.), ancien professeur à l'Ecole Saint-Ignace de Paris. — **Le Procès de Galilée,** *étude historique et doctrinale* (371)................................ 1 vol.

Servière (J. de la). — **Charlemagne et l'Eglise** (289)
1 vol.

Les assemblées du clergé, devenues périodiques sur la fin du XVIe siècle, devaient s'occuper avant tout des intérêts matériels de l'Eglise de France, et en particulier des subventions à accorder au roi : c'était stipulé dans le Contrat de 1561 (1). Mais bientôt, on le comprend facilement, elles sortirent de ce cadre trop étroit et firent porter leurs délibérations sur des sujets plus relevés, plus importants pour l'Eglise de France.

C'était tout naturel, et personne ne protesta sérieusement. Il eût été parfaitement ridicule de faire tant de formalités, d'envoyer des extrémités de la France des personnages si considérables pour une simple question de chiffres.

D'autre part, les assemblées où se débattaient les intérêts supérieurs de l'Église étaient devenues très rares. Depuis le Concordat de 1516, qui prévoyait et réglait tant de détails dans l'administration de l'Église gallicane, l'usage des conciles nationaux était tombé en désuétude. Les états généraux se tenaient à époques irrégulières et très indéterminées, et, d'ailleurs, ils ne traitaient des affaires ecclésiastiques qu'incidemment, et parfois avec une certaine hostilité.

Les assemblées prirent donc tout naturellement en main tous les intérêts spirituels et temporels de l'Église de France ; et aux questions de finances, elles en joignirent bien vite d'autres qui se rapportaient au dogme, à la morale, à la discipline ecclésiastique.

Sans nous attarder à chacune d'elles en particulier, nous chercherons seulement quelle fut la conduite des assemblées envers les protestants : c'est une des questions qui ont soulevé jadis de nombreuses controverses, sur laquelle encore aujourd'hui il y a beaucoup de préjugés ; c'est à elle que se rapportent un certain nombre des délibérations du clergé et à ce titre elle mérite une étude spéciale.

---

(1) Voir notre étude générale sur *Les Assemblées du Clergé sous l'ancien régime*.

LES ASSEMBLÉES DU CLERGÉ
et le Protestantisme

CHAPITRE PREMIER

De 1560 à l'Edit de Nantes.

Les premières assemblées du clergé, bien qu'elles se soient tenues au temps les plus troublés des guerres de religion, s'occupèrent assez peu des protestants ; elles étaient surtout des assemblées d'affaires.

Les questions d'intérêt général, celle des calvinistes en particulier, se traitaient surtout aux états généraux, et l'on sait que, sous Charles IX et Henri III, ces états généraux furent, pour ainsi dire, en permanence ; en l'espace de trente ans, ils se réunirent six fois. Le clergé y était encore considéré comme le premier corps de l'Etat, et c'était la Chambre ecclésiastique qui présentait la première le cahier de ses doléances. Ces vœux portaient généralement sur les réformes à introduire dans l'Eglise de France, et aussi sur la conduite à tenir envers les protestants.

Le clergé ne dissimulait ni le malaise moral dont il souffrait, ni les injures qui lui étaient prodiguées, ni aussi les mesures de rigueur qu'il jugeait nécessaires de prendre contre l'hérésie grandissante.

Quoiqu'il ne s'agisse pas ici des assemblées du clergé proprement dites, il semble bon d'indiquer quelques-uns des vœux exprimés par les Chambres ecclésiastiques des états généraux. Aussi bien le clergé les a faits pour ainsi dire siens, puisqu'il les a insérés au recueil des procès-verbaux de ses assemblées.

En général les mesures que le clergé demande contre les protestants sont très dures et radicales, surtout à la fin du xvi° siècle : il ne s'agit de rien moins que de supprimer totalement l'hérésie.

Cette rigueur pourrait paraître à des esprits superficiels injuste et condamnable : il est donc utile de nous en expliquer de suite.

Évidemment, si l'on juge avec nos idées modernes de liberté de conscience, de séparation des Églises et de l'État, on devra blâmer la conduite de l'Église de France, il faudra pour l'innocenter plaider les circonstances atténuantes, et dire qu'elle possédait depuis longtemps, et avait le droit de se défendre, que les calvinistes ont évidemment dépassé la mesure dans l'attaque, que leurs attentats et leur audace méritaient une répression sévère.

Mais ceux qui ont le sens de l'histoire raisonnent autrement. Ils se reportent résolument aux xvi° et xvii° siècles dont il s'agit, et sans décider si les principes admis à notre époque valent mieux que d'autres, ils constatent que le clergé, en face du protestantisme, ne pouvait pas, ne devait pas agir autrement. A cette époque en effet la fameuse formule *Cujus regio, hujus religio,* était comme un axiome reçu partout et mis en pratique. Les princes protestants d'Allemagne, la législation anglaise en usaient pour proscrire, persécuter, massacrer la minorité catholique. La religion reçue faisait partie intégrante de l'État, toute autre était illégale et condamnée. Le gouvernement avait le droit et le devoir, et personne ne songeait à le lui contester, de supprimer toute concurrence illégale. On peut penser ce que l'on veut de cette manière de concevoir le droit des gens ; mais c'est un fait brutal qu'il faut accepter ; c'est d'après lui qu'il faut juger les hommes et les choses.

C'est donc sous le bénéfice de ces réflexions nécessaires que nous allons rappeler brièvement quelle fut la conduite du clergé de France envers les protestants.

Aux états généraux qui s'ouvrirent à Orléans le 13 décembre 1560, le docteur Quintin, orateur du clergé, dans une longue harangue au roi déclare (1) entre autres choses « que le clergé s'oppose à toute tolérance de sectes, de dissidences, à toute concession en faveur des hérétiques ». Aussi dans le cahier qu'il présente au roi, voici les principaux vœux exprimés contre le calvinisme : « tenir la main à ce qu'aucune secte nouvelle et contraire à la doctrine de l'Eglise catholique ne s'établît dans le royaume ; faire observer les édits contre les hérétiques et leurs fauteurs, l'impression et la vente de leurs livres, leurs prédications publiques ou secrètes, congrégations, conventicules, banquets, chants de psaumes... ; défendre tout commerce et cours de monnaie avec les habitants de Genève, qui se sont notoirement séparés de l'union de l'Eglise ; n'admettre aux offices publics ni à d'autres honneurs quelconques sans qu'on eût subi un interrogatoire sur la foi et signé un formulaire. »

C'est là, pour ainsi dire, le thème qui sera repris et développé dans les cahiers des états généraux jusqu'à l'édit de Nantes. Il y aura bien quelques modifications qui exagéreront ou atténueront les mesures de rigueur, mais la pensée et le but resteront les mêmes : le protestantisme n'a pas droit à l'existence. Cette conviction, d'ailleurs, est aussi celle de la noblesse et du tiers état qui approuvent les vœux du clergé.

Cependant une divergence assez notable séparait dès lors le tiers état du clergé : celui-ci réclamait la publication, comme loi de l'Etat, du concile de Trente, tandis que le tiers demandait avec insistance la convocation d'un concile national. Il était d'accord en cela avec les protestants qui espéraient bien y faire approuver leurs nouveautés, et avec Catherine de Médicis qui voulait ménager tout le monde. Il faut dire de suite que le clergé protesta toujours assez énergiquement contre ce concile national, qui eût amené très proba-

(1) *Recueil des Cahiers et Remontrances*, p. 925

blement l'établissement officiel de la religion réformée en France.

Les états généraux d'Orléans avaient été renvoyés assez brusquement ; la noblesse et le tiers devaient les continuer à Pontoise et le clergé à Poissy. Cent treize évêques y avaient été convoqués pour s'occuper des affaires ecclésiastiques et nommer des représentants de l'Eglise de France au concile de Trente. Il ne s'en trouva qu'une cinquantaine.

Les habiles manœuvres des calvinistes et la ruse de Catherine de Médicis les firent outrepasser leur mandat et s'aventurer en une dispute très ardue avec les ministres calvinistes. Toutefois ces longues discussions, qui se menaient à la fois à Poissy et à Saint-Germain, tournèrent en somme à l'avantage des catholiques : elles empêchèrent probablement une grande partie de la cour de faire défection : nous n'avons pas à nous y arrêter.

Ce qui nous intéresse ici, c'est que les prélats assemblés à Poissy et parlant au nom de l'Eglise de France font entendre contre les calvinistes les premières plaintes officielles : ils se constituent dès lors les défenseurs autorisés de la religion catholique, ils commencent à donner à la royauté ces solennels avertissements qui vont durer jusqu'à la fin du xviie siècle.

Le cardinal de Tournon est chargé de dénoncer au roi quelques-uns des excès des protestants. « A Bourges, ils ont chassé les chanoines, coupé les cordes des cloches. M. de Montpellier ne se peut rendre à l'assemblée, les protestants lui ayant tué un grand nombre de ses serviteurs. Dans la nuit du 5 septembre, les huguenots avaient essayé de mettre le feu au monastère des Dames de Poissy, etc., etc. » Une députation est envoyée à Saint-Germain, elle est reçue à dîner par M. de Guise qui la présente au roi. Elle obtient que l'on charge les gouverneurs de mettre ordre aux oppressions des huguenots...

La première assemblée régulière fut celle qui se tint à Paris du 25 octobre 1567 au 9 février 1568. La guerre civile était alors déchaînée, les protestants essaient d'enlever le jeune roi d'abord à Monceau, puis entre Meaux et Paris ; ils sont vaincus à la bataille de Saint-Denis. L'assemblée, cependant, traite d'affaires purement matérielles. Le 29 décembre, elle accorde « 150 livres aux pauvres navrés en la bataille donnée entre la ville de Paris et celle de Saint-Denys-en-France, pour le devoir et bon office qu'ils y avaient fait (1). » C'est la seule allusion qui soit faite aux calvinistes et aux luttes civiles.

Les protestants refusèrent de participer aux premiers états de Blois, 1576-77, car ils n'avaient aucune chance d'y dominer ; ils se réservaient d'en contester la compétence. Cependant, la première question que l'on y agita montre bien quel chemin les esprits avaient fait depuis quelques années et quels étaient les progrès du calvinisme. On discuta longuement pour savoir s'il était opportun de déclarer qu'il n'y avait qu'une religion en France.

La noblesse et le clergé n'hésitent pas à se prononcer pour l'affirmative, mais le tiers est partagé. La discussion est très animée (2), parfois même elle touche à la violence. Les uns votent pour la religion catholique exclusive ; d'autres, à la suite de Jean Bodin, député du Vermandois, le fameux auteur de la « République », demandent le maintien des traités et la tolérance des religions.

La question doit être tout d'abord réservée. Elle fut discutée de nouveau quelques semaines plus tard par la Chambre du tiers état. Sept gouvernements, Ile-de-France, Normandie, Champagne, Languedoc, Orléanais, Picardie et Provence, décident que « le roi sera supplié de réunir tous ses sujets à la religion catholique et romaine par les meilleurs moyens et les plus saintes voies que faire se pourra ; de supprimer tout exercice de la religion prétendue réformée, tant en public qu'en particulier ; de contraindre les ministres,

---

(1) *Procès-verbaux*, t. I, p. 62.
(2) *Procès-verbaux*, t. I. p. 77 sq.

dogmatisants, surveillants, à vider le royaume ; de prendre en sa protection les autres sujets de ladite religion en attendant qu'ils se convertissent à la religion catholique... » Les cinq autres gouvernements, Bourgogne, Bretagne, Guyenne, Lyonnais et Dauphiné, acceptaient en principe la proposition ; mais ils demandaient qu'on ajoutât « que la réunion des sujets à la religion catholique se fasse par des voies douces, pacifiques et sans guerre ». La majorité rejeta cette addition et adopta la proposition du clergé.

Malgré les manœuvres des protestants, quelques-unes très déloyales, comme l'invention du fameux Plan de la Ligue, Henri III fait plus encore que les états ne lui demandaient : il se déclara chef de la Ligue. Mais il est probable que ce beau zèle n'était qu'une manœuvre conseillée par Catherine de Médicis, pour écarter le duc de Guise et donner quelque satisfaction à l'opinion publique ; la Ligue établie depuis quelques années seulement faisait alors de très grands progrès, en province surtout.

Pour tenir sa parole, Henri III aurait dû faire la guerre aux calvinistes ; mais sur les conseils de sa mère et bien que les états lui eussent voté les subsides nécessaires, il ne se décidait pas à l'entreprendre. Aussi le 3 mars, « MM. du clergé révoquèrent le secours qu'ils avaient promis au Roy pour cette guerre, puisqu'elle n'avait pas lieu ».

Dans ces conditions, les états de Blois achevèrent leurs travaux péniblement. Ils peuvent enfin présenter leurs cahiers au roi. Ces cahiers ne contenaient pas moins de douze cents articles. Ceux du clergé, en ce qui concerne les protestants, sont sensiblement les mêmes que ceux des états d'Orléans, avec plus de rigueur cependant ; révoquer tous les édits donnés en faveur cependant de la R. P. R. ; bannir tous les ministres ; interdire toute autre religion que la catholique romaine ; défendre à tout imprimeur, libraire... d'imprimer et de vendre des livres hérétiques ; publier le concile de Trente et toute une série de réformes ecclésiastiques.

Le clergé avait, en effet, beaucoup de peine à empêcher, malgré Catherine de Médicis et les calvinistes, la convocation du « bon et saint concile national », qui devait faire échec à celui de Trente et établir officiellement le calvinisme en France. Le clergé lui-même était profondément atteint, et il avait à guérir de singulières plaies avant de prendre l'offensive contre l'ennemi du dehors : de là tant de plaintes proférées par les assemblées de cette époque, tant de mesures de discipline adoptées.

Mais celle qui eût été la plus efficace, la publication du concile de Trente, que le clergé réclama depuis si longtemps avec insistance, lui fut toujours refusée par la politique cauteleuse de Catherine de Médicis, sous Henri IV par la défiance injustifiée du Parlement et par la secrète rancune du roi. Au mois d'août 1598, après l'édit de Nantes par conséquent, le clergé ayant envoyé à cet effet une députation à Henri IV, celui-ci répondit en bon gascon : « que jusque-là on ne leur avait donné que de belles paroles, mais qu'il leur donnerait de bons effets ; qu'ils éprouveraient qu'avec sa casaque grise, pleine de poussière, il était tout d'or en dedans (1). » Mais c'étaient encore là de bonnes paroles, les « bons effets » ne vinrent jamais.

Sous Louis XIII et Louis XIV, d'autres prétextes furent donnés pour refuser la publication du concile. Il faut dire aussi que les restrictions, les modifications, proposées par le clergé lui-même pour sauvegarder les soi-disant libertés gallicanes, ne furent jamais acceptées par Rome. Le concile de Trente, cela se comprend, devait être publié dans toute son intégrité. Il ne le fut en France que par les assemblées provinciales, et encore quelques archevêques se dispensèrent de cette formalité (2).

Mais il nous faut revenir aux états de Blois. Henri III ne répondit à leurs vœux que trois ans plus tard. Par

---

(1) *Histoire de l'Eglise gallicane*, t. XXIV, année 1598.
(2) Sur cette question du concile de Trente, voir Louis SERDAT, *Les Assemblées du Clergé de France*, 1906.

les trois cent soixante-trois articles de a célèbre ordonnance de Blois, il sanctionne et convertit en loi les principaux points des cahiers.

Bientôt la Ligue, de plus en plus puissante et maîtresse avec le duc de Guise de tout Paris (1), impose au roi l'édit d'Union, 16 juillet 1588. Le roi s'engage entre autres choses « à employer tous les moyens, sans épargner sa vie, pour extirper tous schismes et hérésies, sans faire jamais ni paix ni trêve avec les hérétiques, ni aucun édit en leur faveur ».

Il promet aussi de convoquer immédiatement les états généraux : et de fait ils sont réunis à Blois pour la seconde fois le 16 octobre 1588.

Nous n'avons pas à raconter dans le détail ce qui s'est passé dans ces états généraux. La défiance était aussi grande que réciproque du roi aux députés et de ceux-ci au roi (2). Aussi, sur la proposition du clergé, Henri III fut forcé de jurer l'édit d'Union avec les états. Henri de Navarre est déclaré, malgré le roi, criminel de lèse-majesté divine et humaine. Les états insèrent dans leur cahier un vœu pour la publication du concile de Trente (3), mais toujours avec la réserve des libertés gallicanes.

Le 23 décembre, les Guise sont lâchement assassinés (4) ; la salle des états est envahie par les gens d'armes du roi ; les députés menacés tiennent bon, et déclarent « que ce qui s'est passé le 23 décembre sera inséré au procès-verbal dans toute la vérité ». Ils pressent la rédaction de leurs cahiers et les présentent au roi le 4 janvier 1589.

Celui du clergé était à peu près le même qu'aux états précédents (5). Il demandait cependant que « l'édit d'Union fût inscrit au premier article des ordonnances à faire et que Henri de Bourbon fût déclaré

---

(1) *Mémoire de la Ligue*, t. II, p. 239.
(2) *Procès-verbaux*, t. I, p. 464.
(3) *Procès-verbaux*, t. I, p. 475.
(4) *Procès-verbaux*, t. I, p. 502, récit dramatique de l'assassinat des Guise.
(5) *Procès-verbaux*, t. I, p. 499.

hérétique, relaps... inhabile à succéder à la couronne, lui et ses hoirs, ses biens confisqués... Que les propriétés mobilières et immobilières des hérétiques désignés par les évêques ou leurs vicaires fussent confisqués et vendus, et le prix employé aux frais de la guerre... »

Cette sévérité était d'ailleurs approuvée par les autres ordres. A la séance de clôture, le 16 janvier, l'orateur du tiers, Bernard, dans un discours d'ailleurs très hardi (1), célébrait l'édit d'Union, et il s'écriait : « Cette sage et chaste maîtresse, la religion catholique, ne peut être bravée par l'effrontée impudence et paillardise d'une opinion nouvelle. L'ulcère de l'hérésie fermé, il faut pourvoir aux autres infirmités du corps... etc. »

Or, pendant ce temps, Paris, à la nouvelle de l'assassinat des Guise, s'était mis en pleine révolte contre Henri III. Mayenne est nommé lieutenant général du royaume, et convoque les états généraux, qui ne peuvent se réunir. Les deux Henri viennent assiéger Paris. Jacques Clément assassine Henri III le 1er août 1589. Le duc de Guise, le roi d'Espagne et Mayenne disputent la couronne à Henri de Navarre, chacun pour soi. La Ligue triomphe complètement à Paris : Mayenne la dirige pendant quelque temps dans les voies de la modération.

Les états généraux, convoqués tout d'abord à Melun pour le 20 mars 1590, puis à Orléans pour le 20 janvier 1591, puis à Reims, puis à Soissons en 1592, se réunissent enfin à Paris le 26 janvier 1593, dans la grande salle du Louvre ; il n'y a que 49 députés du clergé, 24 de la noblesse, 56 du tiers état, car Henri de Béarn et les protestants tiennent une partie de la France.

Néanmoins ces états ont délibéré sérieusement et dignement sur des questions très importantes, et ceux qui n'en croiraient que les railleries de la Satire Ménippée seraient fort mal renseignés à leur sujet.

Nous n'avons qu'à indiquer ici quelle fut l'action du

---

(1) *Recueil*, p. 197.

clergé. Il y avait quatre archevêques et six évêques, et aussi les plus déterminés ligueurs, Génébrard, archevêque d'Aix, Rose, évêque de Senlis, Boucher, curé de Saint-Benoît, Cueilly, de Saint-Germain-l'Auxerrois, etc. Le cardinal Pellevé, archevêque de Reims, et Pierre d'Espinac, archevêque de Lyon, sont élus présidents. Ce dernier était, de l'aveu de tous, un homme très digne et très capable, d'une doctrine très sûre et d'une sainteté de vie remarquable ; il avait déjà joué un rôle important aux premiers états de Blois.

A ceux de 1593, il fait accepter, malgré le légat et les ligueurs intransigeants, des conférences avec les royalistes : ces conférences se tiennent d'abord à Suresnes, puis à la Roquette, à la Villette, à Aubervilliers : cela prouve mieux que tout le reste que le clergé n'était pas hostile a priori et sans rémission à Henri IV.

Le clergé fait décider ensuite, et non sans de longs débats, que « le concile de Trente sera reçu purement et simplement, sans modification, toutefois, eu égard au temps, à la nécessité et au bien de l'Eglise gallicane, le saint-père sera prié de maintenir les exemptions et privilèges des Chapitres : ce que M. le légat promit de faire ».

Quand le duc de Feria, ambassadeur d'Espagne, vient déclarer aux états qu'ils doivent choisir bien vite un roi, et ce en Espagne, le cardinal Pellevé lui répond en latin de fort bonnes choses, et on ne s'engage à rien (1). Une ambassade espagnole vient à la rescousse et propose de marier l'infante à un prince français : on délibère longuement, et finalement toutes les propositions de l'Espagne sont rejetées.

Cependant la noblesse et le tiers état demandaient qu'une trêve fût conclue avec Henri de Navarre ; le clergé s'y refusa obstinément ; il pensait, et avec raison, que faire la paix avant la conversion du roi était tout mettre en danger.

D'ailleurs il pressait beaucoup cette conversion : l'archevêque de Bourges, les évêques du Mans,

---

(1) Palma CAYET, *Chronologie novenaire* (1593).

d'Evreux et de Mantes ne quittent pas le roi et obtiennent enfin son abjuration solennelle à Saint-Denis le 25 juillet. Les états se séparent bientôt « plutôt lassés que congédiés ».

Il semble bon de rappeler ici sommairement quelle fut la conduite du clergé de France envers la Ligue et envers Henri IV.

Certes, le clergé dans son ensemble fut très mêlé aux guerres de religion et très actif dans ces luttes qui ensanglantèrent la fin du XVIᵉ siècle ; il s'agissait pour lui de sauver la vraie foi en France et les lois du royaume. Malheureusement au but religieux il se mêla, chez les Guise d'abord, chez Mayenne ensuite, quelque ambition politique. Mais les assemblées du clergé se méfièrent beaucoup de ces tendances plus ou moins avouées.

Quand la Ligue s'établit, très légitimement d'ailleurs, pour suppléer à la faiblesse du roi, surtout après qu'Henri III eut accepté d'en être le chef au moins nominal, l'assemblée s'y montra très favorable et lui fournit même un subside annuel. Mais quand l'ingérence espagnole devint plus évidente et plus active, le secours fut notablement diminué, et les assemblées restèrent sur le terrain religieux, en réclamant constamment la publication du concile de Trente.

Dès 1590, le clergé penchait vers la conciliation ; mais quelques-uns allèrent trop loin (1). Henri IV ayant révoqué l'édit d'Union en juillet 1588, Grégoire XIV avait cru devoir excommunier les catholiques qui tenaient pour le Béarnais : un édit, enregistré aux Parlements soumis au roi, déclara « nulle et non avenue » la Bulle du Pape, et cela en termes très injurieux contre le « soi-disant Grégoire XIV (2) » Les prélats partisans de Henri IV se réunirent même en assemblée, d'abord à Mantes, puis à Chartres : ils étaient assez peu nombreux et en somme ne représentaient pas l'Eglise de France. Ils rédigèrent cependant un « Man-

---

(1) *Procès-verbaux*, t. I, p. 511 sq ; pièces just., p. 143 sq
(2) *Mémoires de la Ligue*, t. IV, c. 367.

dement à tous les Ordres du royaume ». Ils y déclaraient les « monitions portées par la Bulle de Grégoire XIV nulles tant en la forme qu'en la matière, incapables par conséquent de détourner les Français catholiques de l'obéissance due au Roy ».

Cette lettre était signée par les cardinaux de Bourbon et de Lenoncourt, par Renaud de Beaune, archevêque de Bourges, Philippe du Bec, évêque de Nantes, Nicolas de Thou, évêque de Chartres, Henri d'Escoubleau, évêque de Maillezais, Claude d'Angenne, évêque du Mans, Claude Clausse, évêque de Châlons-sur-Marne, René de Daillon, nommé à l'évêché de Bagneux, Jean Touchard, abbé de Bellosane, Claude Gonin, doyen de Beauvais, et Jacques Davy du Perron, depuis cardinal.

Sans aller aussi loin, la plupart des ecclésiastiques faisaient des vœux pour le triomphe de Henri IV et plusieurs y travaillaient activement. Cet état d'esprit fut très visible aux fameuses conférences (1) tenues d'abord à Suresnes, puis à la Roquette, chez le chancelier Hurault de Cheverny, où les députés des états généraux finirent par convenir avec Renaud de Beaune, archevêque de Bourges et avocat de Henri IV, que la conversion du Béarnais devait ramener la paix (2).

Bientôt la Ligue ne fut plus soutenue que par quelques religieux obstinés et certains gros curés de Paris qui se complaisaient dans leur omnipotence (3), et si, après l'abjuration solennelle faite par le roi le 25 juillet 1593 en la Basilique de Saint-Denis, Paris refusa encore d'ouvrir ses portes jusqu'au mois de mars 1594, c'est que les Espagnols réussissaient encore à inspirer des doutes à la foule et que le pape Clément VIII, mal renseigné en somme par le cardinal-légat, faisait attendre une réponse favorable aux lettres de Henri IV.

La sentence d'absolution fut enfin signée le 17 septembre 1595 et signifiée à Paris un mois plus tard.

---

(1) Palma Cayet en donne un récit très intéressant dans sa *Chronologie novenaire* (1593).
(2) *Procès-verbaux*, t. I, p. 515 sq.
(3) Palma CAYET, *Chronologie novenaire* (1594).

Cette réconciliation officielle du Béarnais avec l'Eglise catholique ne levait pas toutes les difficultés et ne devait pas couper court aux réclamations et remontrances du clergé. Celui-ci, sans doute, vit de très bon œil le retour de Henri IV, et quand le roi eut donné des gages sérieux de sa sincérité, il n'eut pas de sujets plus soumis que les catholiques (1).

Mais l'édit de Nantes vint bientôt leur fournir un légitime sujet de protestations.

Nous n'avons pas à raconter ici l'histoire de ce fameux édit. Sully, et il n'était pas certes suspect de partialité envers les catholiques, a montré amplement dans ses *Œconomies Royales* par quelles intrigues secrètes et quelles menaces ouvertes les calvinistes ont extorqué à Henri IV des privilèges vraiment excessifs. Nous savons par lui comment le duc de Bouillon, chef des seigneurs calvinistes très nombreux encore, était résolu à recommencer la guerre civile, comment il refusa nettement de suivre Henri IV au siège d'Amiens, en 1598, afin de préparer la révolte à main armée (2).

Des assemblées calvinistes tenues successivement à Saumur, à Loudun, à Vendôme, à Châtellerault, passaient de la violence du langage à l'organisation de la guerre civile (3). Pendant même que Henri IV était à Nantes, allant en Bretagne pour traiter avec le duc de Mercœur, l'assemblée calviniste de Châtellerault décidait, à la pluralité des suffrages, de prendre ouvertement les armes pour forcer le roi à recevoir les conditions qu'on prétendait lui imposer. C'était un véritable ultimatum que des députés furent chargés d'aller porter au roi, à Nantes même.

Le roi et ses courtisans furent effrayés ou firent semblant de l'être ; Schomberg, de Thou, Jeannin et Colignon furent chargés de dresser un édit qui donnât satisfaction aux protestants ; Bayle prétend

---

(1) Discours de l'archidiacre de Notre-Dame. Palma CAYET, 1594.
(2) *Œconomies Royales*, ch. LXXX, t. II, p. 272 sq. de l'édition Michaud.
(3) *Histoire du Calvinisme* par SOULIER, t II, passim.

qu'ils adoptèrent la rédaction proposée par le ministre Chamier.

Quoi qu'il en soit, l'édit fut signé le 13 avril 1598. Il reproduisait les principales dispositions de l'édit de Pacification de 1577, très favorable aux protestants, et y ajoutait encore d'autres faveurs : admission aux charges de judicature et de finance, nombreuses places de sûreté, etc.

Bien que dans les « Articles particuliers » il y eût quelques restrictions, les calvinistes obtenaient non pas, comme on l'a dit, simplement la liberté de conscience et du culte, mais de très grands privilèges ; on leur reconnaissait le droit de former un Etat dans l'Etat ; ils étaient plus favorisés que les catholiques eux-mêmes.

Aussi cet édit fut-il singulièrement discuté ; beaucoup de protestants sensés ou hommes d'Etat, dévoués au roi, comme Sully (1), repoussaient ces privilèges qui allaient, disaient-ils, les rendre odieux, et qui devaient tôt ou tard rallumer de terribles guerres civiles. Le Parlement de Paris refusa longtemps d'enregistrer l'édit.

Le clergé lui aussi, et c'est surtout ce qui nous intéresse ici, ne tarda pas à protester auprès du roi.

Dès le 15 mai, une assemblée ouvrit ses séances « au logis épiscopal de Paris », sous la présidence du cardinal de Gondi. Des divers cahiers de doléances il en fut « dressé et compilé un qui serait présenté au roy par cinq évêques à ce désignés. Lecture en fut donnée le 18 août : on décida qu'il serait mis au net pour être présenté à Sa Majesté. »

Mais il était beaucoup plus facile de le « mettre au net » que de le faire parvenir à Sa Majesté. Celle-ci en effet, de résidence alors à Fontainebleau, semble jouer à cache-cache avec les députés. Le roi, d'une part, ne se sentant pas sans doute la conscience tranquille, ne met aucun empressement à recevoir ces Messieurs ; ceux-ci, d'autre part, semblent non moins redouter

---

(1) *Œconomies Royales*, ch. xc, t. II, p. 310.

l'entrevue : c'est à qui n'attachera pas le grelot. Le 22 août, l'archevêque de Bourges, après avoir tâté le terrain, déclare que « ses infirmités ne lui permettent pas de suivre le roi à Fontainebleau ». M. l'archevêque de Tours est prié de prendre cette peine... Finalement, le sieur Berthier, agent général, plus hardi, déclare qu'il ira trouver lui-même le roi pour négocier l'entrevue. On le remercie avec effusion. Il part, mais le roi s'est dérobé ; il n'est plus à Fontainebleau ; il faut aller jusqu'à Montceaux. Berthier ira jusqu'à Montceaux ; et c'est là qu'il prépare l'audience en faveur des députés.

Elle eut lieu enfin le 28 octobre. Sa Majesté, naturellement, reçoit les députés « avec autant de bienveillance, affection et humanité que l'on eût su le désirer ». M. l'archevêque de Tours fit alors les remontrances, tout en s'excusant. Il semble bien, d'ailleurs, d'après le procès-verbal qu'il resta dans les généralités. « Après la clémence et la bonté dont Sa Majesté a fait part à ses plus conjurés ennemis, les ministres du Dieu de paix et de justice ont cru et jugé qu'il leur serait permis de lui demander justice » ; et alors, s'échauffant peu à peu, l'orateur s'écrie : « Justice, Sire, pour cette Eglise gallicane jadis florissante, maintenant pauvre, abattue, ruinée presque et au spirituel et au temporel, qui se jette entre vos bras, implore votre miséricorde, conjure votre sceptre, votre couronne, votre royale Majesté de la délivrer de ses misères et oppressions... » et alors il énumère ce que réclame l'Eglise de France : concile de Trente, nomination de bénéficiers dignes, et il termine par une allusion très indirecte à l'édit de Nantes.

Le roi, non sans esquisser sans doute un sourire malicieux, répond de bonnes paroles, celles que nous avons rapportées plus haut. Le cahier est remis aux bons soins de M. le chancelier qui en fait son rapport au roi. Et c'est tout ce que relate le procès-verbal officiel.

Heureusement nous avons par ailleurs d'autres détails plus précis et plus intéressants. Dans ces curieux *Mémoires des Sages et royales Œconomies d'Etat*... etc., où les secrétaires de Sully sont censés, après avoir compulsé tous les Documents nécessaires, venir raconter à leur maître tous ses faits et gestes et en même temps ce qui s'est passé en France de 1570 à 1640, il y a un chapitre, le xc°, qui rapporte toutes les discussions relatives à l'enregistrement de l'édit de Nantes (1). Ce qui a trait à l'assemblée du clergé n'est pas le moins curieux ; en voici les principaux passages :

« ... L'édit de Nantes fut présenté aux cours souveraines pour y être vérifié. Sur lequel lesdites cours, tant de leur propre mouvement qu'à l'instigation des députez de l'assemblée du clergé de France, qui se trouvait encor lors sur pied à Paris, du recteur de l'Université, de la Sorbonne et autres zélez catholiques, firent de grandes difficultés sur plusieurs articles, des particularitez desquelles sollicitations, poursuites, remises, refus, contestations et débats, nous en laisserons la déduction aux historiens, réservé celles qui se passèrent touchant l'article des assemblées synodales, de l'entremise duquel il vous fut impossible de vous exempter absolument, comme vous aviez fait de tous les autres ; car, comme tous les susnommez opposans virent que, par cet article, il était permis à ceux de la religion de tenir telles assemblées en tel lieu, en tel temps et toutes les fois que bon leur semblerait, sans en demander permission au roy ny à ses magistrats, et que les ministres et docteurs des princes et pays estrangers y pourraient estre admis, comme, au semblable, ceux de France en tous synodes estrangers, le parlement en vint faire de grandes plaintes au roy, luy remonstrant qu'en cela son authorité royale estait grandement lezée, ses magistrats mesprisez, le royaume privé de ses anciens droits, et la liberté donnée à ses subjects, d'aller faire telles menées et pratiques hors de France, qu'il leur plaisait, et aux estrangers de faire le semblable en France.

« A toutes lesquelles plaintes et remonstrances, s'adjoignirent les députez de l'assemblée du clergé de

---

(1) *Œconomies royales*, ch. xc, an. 1699, t. II, p. 308 sq.

France, le recteur de la Sorbonne et autres ecclésiastiques, y adjoustant que ce serait donner de plus amples et favorables privilèges à ces nouveaux prédicans, qu'à toute l'ancienne Église catholique, apostolique et romaine, et plusieurs autres raisons trop longues à déduire, pour lesquelles ils suppliaient Sa Majesté de révoquer absolument cet article, et ne luy sembler point estrange, s'il se trouvait accompagné par eux de continuels refus et oppositions. Lesquelles plaintes considérées par le Roy, il leur dit ne sçavoir pas bien comment cet article tant important avait esté ainsi passé sans difficulté dans l'édict, ne se souvenant point que l'on luy en eust parlé en aucune façon.

« Le Roy vous envoya quérir et vous conta tout cela. Et voyant que vous trouviez cet article très mauvais, y remarquiez les mesmes inconvéniens cy-dessus, et de plus qu'il estait grandement pernicieux à tous les gens de bien de la religion... il vous commanda de n'en parler en aucune façon, ny faire le moindre semblant qu'il vous en eut rien dit, d'autant qu'il voulait que vous vous trouvassiez en une assemblée, qu'il ordonnerait de faire, de tous les plus qualifiez et authorisez de la religion, afin d'y représenter les inconvéniens de cet article, et leur faire consentir la réformation d'iceluy...

« Le Roy envoya aussi querir messieurs de Schomberg, président de Thou, Colignon et Jeannin, qui avaient esté par luy commis pour traitter avec ceux de la religion, se plaignant avec quelque espece de reproche qu'ils eussent passé un article tant important et duquel tout le clergé se tenait tant offencé, si facilement et sans luy en avoir parlé en aucune façon : de quoy messieurs de Schomberg et de Thou ne rendirent autre raison, sinon que messieurs de Boüillon, de la Trémoüille, du Plessis, leurs ministres et députez de ceux de la religion, l'avaient tellement opiniastré, voire usé de telles protestations de se retirer et de n'accepter nullement l'édict s'il ne passait ainsi qu'ils avaient jugé plus à propos de l'accorder que de rompre, pour rejeter le royaume dans ses anciens désastres... ce qu'estant représenté par le Roy au scindic du clergé, nommé, ce nous semble, M. Berthier, et que les sieurs de Schomberg, de Thou et Jeannin, estans de tout temps bons catholiques, il les avait laissé faire, croyant qu'ils ne manqueraient pas d'avoir soin des choses qui concernaient la religion et l'Eglise.

« A quoy le sieur Berthier respondit, comme tout en colère, que quand l'on avait allégué les mesmes choses dans l'assemblée du clergé, plusieurs d'icelle des plus zélez avaient dit qu'il ne se fallait pas estonner du peu de soin que tels députez avaient eu des choses que Sa Majesté avait dites, veu que tout le monde sçavait bien qu'ils étaient catholiques au gros grain, y ayant fort longtemps que nul d'eux ne priait nullement les Saincts et mesme ne s'agenoüillait plus devant l'image de la Vierge, ny la croix, et ne croyaient point les indulgences... et partant suppliait Sa Majesté, au nom de tout le clergé de son royaume, comme bonne catholique qu'elle estait, de vouloir prevenir le scandale d'un tel pernicieux article... A quoy le Roy luy asseura, de rechef, de travailler en sorte qu'il donnerait sujet de contentement de toutes parts, si tous se rendaient capable de la raison (1). »

Le lendemain, Sully assista à l'assemblée générale des huguenots présents à Paris. Il y fut tout d'abord assez malmené ; mais enfin, par son courage et sa présence d'esprit, il amena la majorité à son avis, et malgré le duc de Bouillon, qui voulait « que son église de Sedan pût estre du corps des églises de France, sans préjudicier à ses prétentions d'estre prince estranger », il fit abandonner en partie par ses coreligionnaires l'article réprouvé par l'assemblée du clergé.

Nous pouvons croire à peu près tout ce que Sully rapporte dans ce long passage. On sait que Marbault, secrétaire de Duplessis-Mornay, a pris vivement la défense de son maître, dans une suite de *Remarques*

---

(1) Ce récit de Sully est confirmé par Palma CAYET, *Chronologie novenaire* (1599), p. 46.

très fines et souvent passionnées qu'il ajoute au texte de Sully, il relève chapitre par chapitre ce qu'il appelle les « menteries de Rosny ». Or ce contradicteur acharné, cet ennemi personnel ne trouve presque rien à reprendre dans ce chapitre xc^e. Il n'y a fait que des rectifications de détail.

Il prétend par exemple (1) que l'édit de Nantes était en vigueur avant les protestations du clergé et l'enregistrement au Parlement : ce qui est faux. Il affirme que Jeannin « ne fut jamais employé à cette négociation de l'édit » ; que les « cahiers de ceux de la religion avaient esté veus infinies fois par le Roy dans son conseil, et jusques aux moindres articles, résolus avec lui ; que MM. de Schomberg et de Thou n'étaient pas des incrédules ».

Mais ces rectifications sur des points secondaires laissent subsister dans son ensemble le récit de Sully ; il n'est pas sans intérêt de constater que cet édit de Nantes, tant célébré, surtout après qu'il eut été révoqué, souleva les protestations non seulement du clergé et des catholiques, mais encore des protestants modérés et dégagés de tout lien politique.

(1) *Remarques sur les Mémoires de Sully*, par MARBAULT ch. LXXXIX, p. 47 de l'édition Michaud.

CHAPITRE II

De l'Edit de Nantes à la prise de La Rochelle.

Mais l'édit de Nantes, comme dit M. Hanotaux (1), n'était qu'une trêve politique et un armistice militaire. En effet, sous Louis XIII, le parti calviniste avec ses cent cinquante places de sûreté, entretenues aux frais du roi lui-même, était toujours en armes au milieu du royaume ; il était, par la force même des choses, l'allié des ennemis de la France, de l'Espagne quoique catholique et surtout de l'Angleterre et de l'Allemagne protestantes. Il ne voulait rien moins qu'une constitution républicaine, comme celle des Provinces-Unies.

Le duc de Bouillon restait toujours le chef redoutable et puissant du parti, et de sa cour de Sedan il communiquait avec les protestants du Nord et de l'Est. D'autre part les protestants poussaient à la guerre contre l'Espagne, sans doute pour se soulever au moment critique, car ils savaient de Luynes parfaitement incapable de soutenir une double guerre étrangère et civile.

Une première cause de conflit fut la question du Béarn, qui n'avait pas eu son édit de Nantes en faveur

---

(1) *Revue des Deux Mondes*, « La crise européenne de 1621 » 1ᵉʳ février 1902

des catholiques toujours persécutés. Henri IV avait toujours biaisé, pour ainsi dire, et voulu gagner du temps dans cette question. Il avait obtenu du pape son absolution à la condition expresse « qu'il restituerait l'exercice de la religion catholique dans le Béarn, y nommerait au plus tôt des évêques et qu'il leur donnerait de quoi s'entretenir dignement ».

Le clergé, d'autre part, pressait vivement le roi d'accomplir sa promesse, et d'ailleurs le simple bon sens lui commandait de traiter au moins les catholiques du Béarn, qui d'ailleurs formaient la majorité de la population, comme il avait traité la minorité protestante en France.

Henri IV s'était contenté de « rétablir la messe au Béarn » ; toute la difficulté restait.

Aussi quand, en vertu du traité de Sainte-Ménéhould, les états généraux se réunirent en 1614, une des premières questions agitées fut celle du Béarn.

Les trois ordres réclamèrent instamment la réunion de ce pays à la France : « En conséquence de la déclaration du mois de juillet 1607, registrée en votre cour du parlement, Votre Majesté est très humblement suppliée de déclarer non seulement le royaume de Navarre et principauté de Béarn, mais aussi toutes terres souveraines qui se trouveront appartenir aux rois lors de leur avènement à la couronne, unis inséparablement à icelle. » Tel était le vœu du tiers état (1).

La Chambre ecclésiastique mêla habilement la cause du catholicisme à celle du patriotisme : « le 19 février 1615, l'archevêque d'Auch représenta l'état des affaires qui regardent la religion et les catholiques du pays de Béarn, l'oppression que même les Seigneurs Évêques y souffraient ; qu'en la plupart des lieux l'exercice de la religion catholique n'était point encore rétabli ; que les revenus ecclésiastiques étaient encore entre les mains des officiers du Roy, la juridiction ecclésiastique, même la spirituelle, était usurpée par le conseil de Pau, composé de ceux de la R. P. R. n'y ayant qu'un seul

(1) *Procès-verbaux*, t. II, p. 117 sq., 139, 161.

catholique ; toute l'authorité des armes et de la justice est entre les mains des hugnenots, qui ne veulent point obéir aux commandements du Roy, pour peu qu'ils soient avantageux aux catholiques, qui y sont opprimés et comme en servitude. La compagnie par conséquent juge qu'il est raisonnable de supplier le roi de donner, en tant que besoin serait, une déclaration portant réunion dudit pays à la couronne, et en conséquent de ladite réunion on demanderait le rétablissement entier de l'exercice de la religion catholique, une chambre mi-partie... »

Sur cette proposition, le clergé députe M. l'archevêque de Lyon « vers Leurs Majestés pour leur faire les mêmes plaintes, remontrances et supplications que le sujet ci-dessus. Les deux autres chambres consultées firent connaître par leurs paroles et contenances qu'elles étaient fort émues de compassion sur le sujet dont il s'agit... »

En fin de compte on décida que l'on ira en corps soumettre la question au roi, et qu'elle sera insérée au cahier des remontrances qui allait lui être présenté.

Donc « le 23 février de relevée, trois de chaque gouvernement, avec les députés des autres Chambres, allèrent au Louvre assister à ladite remontrance et en présenter le cahier. »

L'orateur du clergé était, comme on sait, le jeune évêque de Luçon, Armand Jean Duplessis de Richelieu. Il a inséré dans ses *Mémoires* son discours tout entier (1). Il s'en excuse, et en appelle « à l'équitable lecteur qui excusera facilement, s'il a voulu rapporter en historien tout ce qu'il en a prononcé en orateur. » Il eût été vraiment dommage que ce discours fût perdu, car c'est un véritable document, un témoin de l'éloquence du temps, toute chargée d'érudition, d'antithèses, mais aussi pleine de choses.

Richelieu se montre déjà l'homme d'Etat qu'il sera plus tard, aux vues larges et profondes, et dans l'énumération des réformes administratives et judiciaires

---

(1) *Mémoires de Richelieu*, p. 83 de l'édition Michaud.

qu'il propose, il en est plusieurs qu'il réalisera lui-même plus tard. Il insiste d'ailleurs beaucoup pour que le roi prenne ses conseillers et ses ministres parmi les homme d'Eglise, « puisque leur profession sert beaucoup à les rendre propres à y être employés, en tant qu'elle les oblige particulièrement à acquérir de la capacité, être pleins de probité, se gouverner avec prudence... »

Après avoir amèrement déploré entre autres choses la collation des bénéfices faite aux laïcs, et les vexations fiscales dont souffre le clergé, il aborde la grosse question du protestantisme : « Quelle pitié, s'écrie-t-il, qu'on prêche le mensonge où on doit annoncer la vérité ! Que des pays entiers de votre obéissance, comme le Béarn, soient troublés au saint exercice de leur religion ; que les temples consacrés au service de Dieu soient détournés de cette fin à une autre du tout contraire ! C'est une chose lamentable d'ouïr que les lieux saints soient ainsi souillés ; mais les cheveux me hérissent, l'horreur me saisit, la voix me manque, quand je pense à exprimer l'indignité d'un forfait si exécrable qu'à peine pourrait-on croire qu'il eût été commis en la plus cruelle barbarie du monde... En votre Etat, Sire, en pleine paix, on foule aux pieds ce précieux et sacré corps qui purifie les nôtres et qui sauve nos âmes... » Ce sacrilège avait été commis à Millau dans la nuit de Noël, deux mois auparavant (1) : c'est par de semblables attentats que les calvinistes provoquaient les représailles des catholiques.

En conséquence, Richelieu réclame énergiquement la punition, « des coupables seulement ; car pour les autres qui, aveuglés par l'erreur, vivent paisiblement sous votre autorité, nous ne pensons à eux que pour désirer leur conversion, et l'avancer par nos exemples, nos instructions et nos prières, qui sont les seules armes avec lesquelles nous les voulons combattre... »

En même temps les trois ordres proposent à l'appro-

---

(1) *Procès-verbaux*, t. II, p. 215-216.

bation du roi le vœu suivant (1) : « L'exercice libre de la religion catholique, apostolique et romaine n'ayant encore été remis en toutes les terres et lieux de son obéissance, spécialememt ès pays de Béarn, Bailliage de Gex et autres nouvellement réduits à votre couronne, Votre Majesté est très humblement suppliée l'y rétablir par son édit. »

Les trois ordres étaient d'ailleurs parfaitement d'accord à lutter contre le protestantisme (2) ; la noblesse avait mis en tête de son cahier un article par lequel « elle suppliait le roi de maintenir la vraie religion, comme il l'a promis en son sacre ». Les députés calvinistes, il y en avait huit ou dix, protestèrent auprès du roi, représentant que cet article violait les édits de pacification ; la cour, « pour conserver toutes choses en tranquillité, fit proposer d'ajouter que ce fut sans préjudice des édits, mais la noblesse résolue, constante et généreuse n'a voulu relâcher tant soit peu de sa première résolution. Les députés de la R. P. R. se déportèrent d'entrer plus en ladite Chambre », ce qui n'empêcha pas les articles d'être agréés et approuvés par la Cour.

On voit que le clergé n'était pas seul à défendre la religion catholique ; il avait pour lui l'opinion publique. Aussi était-il autorisé à représenter « les grands dommages et préjudices que les ministres, précepteurs, régents et maîtres d'écoles étrangers comme écossais, allemands et autres, dont ceux de la R. P. R. se servent en France, apportent à l'Eglise » et à faire dresser un article qui défendra « à tous étrangers de la R.P.R. de prêcher, catéchiser, enseigner les enfants (3) ».

Il était également approuvé de tous quand, le 16 février, le cardinal de la Rochefoucauld déclare « qu'il faut bien se garder qu'au cahier du clergé on ne laissât glisser par inadvertance parole sur laquelle on pût

---

(1) *Procès-verbaux*, t. II, p. 117 sq.
(2) *Procès-verbaux*, t. II, p. 160 sq.
(3) *Procès-verbaux*, t. II, p. 154.

fonder ou prétendre aucune approbation de l'édit de Nantes et autres, accordés en faveur de la R. P. R., et que le clergé devait témoigner pour le moins autant de prudence et de zèle sur ce sujet que MM. de la noblesse. Cet avis fut très agréable à la compagnie. »

Quelques mois après la séparation des états généraux, l'assemblée du clergé renouvela sa demande au sujet du Béarn. Le 1ᵉʳ juillet, elle se rendit en corps au Louvre et fut reçue par Leurs Majestés (1). « Mgʳ l'évêque de Mantes porta la parole pour ce qui regarde le rétablissement de l'exercice de la religion catholique au pays de Béarn. » Le 23 juillet, elle revient à la charge : elle propose de rembourser en grande partie les dépenses que va nécessiter cette mesure ; elle préfère « s'imposer une lourde charge plutôt que de voir par faute d'argent ledit rétablissement retardé ». Elle offre 10.000 livres par an « pour ne pas perdre le fruit que ledit rétablissement doit porter à l'Eglise ».

Mais à toutes ces sollicitations la cour opposait la force d'inertie (2) : à la fin du ministère Barbin, un arrêt du Conseil d'Etat avait fait préparer l'édit de réunion du Béarn à la couronne, mais on s'en était tenu là.

Devant l'hésitation assez compréhensible d'ailleurs du gouvernement, les protestants s'enhardissaient. Le 11 mars 1617, l'assemblée de La Rochelle alla jusqu'à prendre en main la cause du Béarn : elle écrit aux membres du Conseil des Eglises reformées du Béarn : « On prétend procéder à la réunion du royaume de Navarre et souveraineté de Béarn à la France..., Or nous avons voulu vous témoigner par celle-ci que nous nous ressentons fort intéressés en votre cause comme étant la nôtre, et qu'en cette considération nous n'omettrons aucune chose pour faire qu'il ne soit rien changé ni altéré en votre pays, et que, sous quelque prétexte que ce soit, on ne ravisse de vos mains ce dont vous jouissez. »

---

(1) *Procès-verbaux*, t. II, p. 243.
(2) Hanotaux, *Revue des Deux Mondes*, 1ᵉʳ février 1902.

C'était déclarer la guerre au roi. Cependant ils voulaient encore sauver les apparences. Le synode national de Vitré envoyait en même temps des députés à Louis XIII pour le féliciter d'être débarrassé du maréchal d'Ancre et de pouvoir enfin régner par lui-même. Cette démarche ne plut d'ailleurs que fort médiocrement à Sa Majesté.

Le clergé, de son côté, ne devait pas rester inactif et muet (1). Une assemblée se tenait précisément en ce moment à Paris : une députation fut envoyée au roi le 2 juin. L'évêque de Mâcon qui portait la parole prouva au roi qu'il y allait à la fois « de sa conscience, de son honneur et de son autorité. L'hérésie de Calvin est une extrémité tout opposée à la religion catholique, et la République que les huguenots tâchent de former ici est une autre extrémité non moins opposée à la monarchie française. » Il représente ensuite « que la justice et la piété ne pouvant subsister l'une sans l'autre, puisque Sa Majesté avait commencé son règne par une action de justice qui lui faisait mériter le nom de Juste, elle devait maintenant avoir pitié de cette pauvre province en laquelle il y avait encore plus de cent tant villes que bourgades et paroisses desquelles la plupart du peuple était catholique, et n'avaient néanmoins aucun prêtre pour leur administrer les sacremens, tous les biens ecclésiastiques et leurs dîmes étant tenues par les huguenots... »

Cette démarche de l'assemblée du clergé mit les calvinistes en grand émoi. Ils envoyèrent au roi une nouvelle députation pour le supplier de laisser les choses en l'état qu'il les avait trouvées, et ils appuyèrent leurs raisons « de la présence du marquis de la Force, gouverneur du Béarn ».

Cependant Louis XIII passa outre cette fois, et un arrêt fut rendu le 25 juin 1617 en vertu duquel tous les biens ayant appartenu aux ecclésiastiques du Béarn leur seraient rendus ; et pour ôter aux huguenots

---

(1) *Procès-verbaux*, t. II, p. 316, 349.

tout prétexte de révolte, le roi promet de les dédommager « par des revenus annuels pris sur ses propres domaines ».

Cependant, quand les gens du roi voulurent exécuter l'arrêt, la sédition éclata en Béarn : nous n'avons à rappeler ici que les principaux points. Après diverses tentatives malheureuses, les protestants finissent par se réunir à Loudun en septembre 1619 (1), malgré le roi qui déclarait criminels de lèse-majesté tous ceux qui prendraient part à cette assemblée. Ils déclarent solennellement qu'ils aimeraient mieux mourir que de consentir à une restitution qui devait entraîner, disaient-ils, la ruine entière de la religion. Ils s'organisent pour la résistance à main armée.

Aussi, quand « le commissaire du roi arrive pour l'exécution dudit édit de la main-levée, il y est traité comme en terre ennemie ; il reçoit mille outrages de paroles par les écoliers d'Orthez. Le Parlement de Pau refuse d'enregistrer l'édit (2). »

Alors le roi se met en marche avec une armée ; les Béarnais effrayés multiplient les députations pour assurer le roi de leur soumission. Louis XIII reste incrédule et insensible. Il entre à Pau le 15 octobre. Le 17, le clergé catholique reprend possession de l'église Saint-Martin, les états convoqués pour le 19, « la milice des Persans » supprimée, la révolte à main armée rendue impossible (3). En quinze jours tout est fini. Louis XIII remonte vers Paris « au milieu de l'approbation des peuples qui, couvrant tous les chemins, lui rendaient mille grâces de son voyage et lui souhaitaient toutes sortes de prospérité en leur langage ». Louis XIII rentra dans sa capitale le 7 novembre ; et ainsi se termina cette expédition si importante pour la France. Le clergé pouvait s'applaudir d'y avoir contribué pour une large part.

---

(1) *Procès-verbal de l'Assemblée de Loudun*, t. V.
(2) *Mercure français*, t. V.
(3) *Procès-verbaux*, t. V, p. 25.

Mais la question protestante était loin d'être réglée par la soumission du Béarn ; elle ne le sera que par la prise de La Rochelle, provisoirement.

Le roi n'avait pas quitté le Béarn que les calvinistes décidèrent de tenir une assemblée générale à La Rochelle précisément. L'assemblée est déclarée « illicite » le 23 octobre. On passe outre ; on se réunit à La Rochelle le 25 décembre. C'est là que le parti s'organisa définitivement : ils se partagent les provinces, établissent des gouverneurs pour les villes, décernent des commissions pour lever des gens de guerre et font saisir les deniers de Sa Majesté. Six membres sont désignés pour assister au conseil extraordinaire établi par le maire de La Rochelle afin d'aviser aux affaires les plus importantes (1). C'est tout à la fois un comité de Salut public et un gouvernement à côté. Bientôt la guerre civile est déclarée. La ville de Privas est emportée d'assaut, février 1621. Rohan est reconnu comme chef de l'armée calviniste, le plan de campagne est définitivement arrêté (2). La France divisée en huit cercles ; le pays entier organisé en une sorte de confédération politique et militaire contre la royauté ; le conseil de La Rochelle décide la levée d'auxiliaires étrangers, il perçoit les deniers royaux pour la caisse calviniste, use d'un sceau à ses armes : « c'était une Religion appuyée sur une croix, ayant en la main un livre de l'Évangile, foulant aux pieds un vieux squelette qu'ils disaient être l'Eglise romaine. »

De Luynes, après la mort de Concini, avait pris l'épée de connétable, trop lourde d'ailleurs pour ses faibles mains. Après bien des hésitations il se décide à marcher contre les protestants et à emmener le roi dans le Midi. La cour quitte Fontainebleau le 1er mai 1621 ; les principales étapes devaient être Orléans, Blois, Tours ; on devait descendre la Loire en bateau.

---

(1) *Procès-verbal de l'Assemblée de La Rochelle*, t. VI. Cf. SOULIER, *Histoire du Calvinisme*, p. 448, et *Mémoires de Richelieu*, p. 242.

(2) HANOTAUX, *Revue des Deux Mondes*, février 1902.

Le roi naturellement avait besoin d'argent pour cette expédition dont l'issue était incertaine. Il en avait déjà trouvé en rétablissant la Paulete et en aliénant 400.000 livres de rente sur les gabelles. Un moyen, que Richelieu déclare plus raisonnable (1), fut de demander un subside au clergé.

Précisément une assemblée ouvrait ses séances le 18 mai au couvent des Grands-Augustins. Alors commence une petite comédie qui indique bien et l'indécision du gouvernement de Luynes, et la bonne volonté du clergé, et le besoin qu'on avait de lui. Dès le 22 mai arrive une lettre du roi, datée de Saumur : l'assemblée doit se transporter immédiatement à Tours, « afin qu'elle fût plus libre ». Tout est prêt, les habitants sont avertis de tout préparer pour recevoir les députés...

La lettre est reçue avec toute sorte d'honneur et de respect ; « les volontés de toute la compagnie sont disposées à l'obéissance » ; cependant on note soigneusement toutes les difficultés que la compagnie trouverait en ce voyage ; si l'on doit se déplacer, qu'on aille donc à Blois seulement ou à Saumur.

Le 7 juin, nouvelle lettre du roi : ce n'est plus à Tours, c'est à Poitiers qu'on doit aller siéger. Les députés se résignent et se rendent à Poitiers « au logis de Mgr l'archevêque de Lyon ».

La reine-mère y arriva sur ces entrefaites, elle s'enfuyait, pour ainsi dire, de l'armée royale, rebutée, ainsi que Richelieu, son aumônier et son confident, par le manque d'égards continuel dont elle était l'objet (2). Bien qu'elle fût en disgrâce, tous les députés en corps vont la saluer « pour lui offrir leurs prières et leurs services ».

Les séances, d'ailleurs, furent très occupées et très agitées : il s'agissait tout d'abord de discuter les

---

(1) *Mémoires du Cardinal de Richelieu* (1621), p. 237, édition Michaud.

(2) *Mémoires de Richelieu*, en particulier p. 239, 252.

comptes du sieur de Castilles, le fameux receveur général du clergé.

Mais l'assemblée eut bientôt un tout autre souci. C'était bien d'engager le roi à faire la guerre aux huguenots, mais pour la faire il fallait de l'argent, et c'était précisément cet argent que Sa Majesté faisait au clergé l'honneur de lui demander (1). Deux jours après l'arrivée des députés à Poitiers, le 12 juillet, voici que les commissaires royaux se présentent à l'assemblée : ils déclarent que la rébellion des protestants est générale, qu'ils ont saisi les deniers de Sa Majesté... » et là-dessus, les commissaires font un récit qui eût attendri les plus durs rochers. D'ailleurs c'est une guerre de religion où la compagnie a notable intérêt ; Sa Majesté par conséquent « devra être assistée non seulement des vœux et prières du clergé, mais encore de ses moyens temporels à proportion de la nécessité ». Il ne s'agit de rien moins que d'aller bloquer La Rochelle, sous la conduite de M. d'Epernon.

Le cardinal de La Valette qui présidait remercia d'abord en excellents termes de l'honneur grand qui était fait à l'assemblée ; puis il fit donner lecture de la lettre du roi, lettre fort élégante, sortie probablement de la plume du chancelier du Vair ; elle se termine par cette apostrophe : « Vous qui après nous avez le plus à y gagner, voudriez-vous manquer à contribuer à cette œuvre de vos prières et de vos moyens ? »

Cette éloquence ne persuada point les députés. Après délibération, ils décident que les pouvoirs leur manquent et qu'ils doivent auparavant consulter les provinces. Deuxième, puis troisième visite des commissaires, qui trouvent toutes ces délibérations inutiles et trop longues, et qui déclarent que Sa Majesté est aussi mécontente que déçue.

A ce moment on avait abandonné l'idée d'attaquer La Rochelle ; on se portait sur Montauban ; mais plus

---

(1) *Procès-verbaux*, t. II, p. 361 sq. Pièces justif., p. 37-39.

Louis XIII s'avançait dans le midi, plus il trouvait les populations hostiles et le parti protestant puissant. Aussi le ton de ses lettres et de ses commissaires devient de plus en plus pressant.

Enfin le 27 juillet quatrième visite des gens du roi à l'assemblée, mais cette fois avec l'ordre de se transporter à Bordeaux, car « pour la conclusion des affaires, disait le roi, vous serez beaucoup plus commodément en notre ville de Bordeaux qu'en celle de Poitiers ». Tout en maugréant, on se dirige vers Bordeaux.

Cette fois l'assemblée est tout à fait à portée de la cour, et presque à sa discrétion. Sa Majesté déclare qu'elle a besoin de 3.000.000 de livres ; car, avait déclaré de Luynes lui-même, « encore que Moïse fût grand capitaine, assisté des bénédictions de Dieu, il avait eu besoin de manne ».

Nouvelle lettre très pressante du roi, et cinquième visite des commissaires. Enfin de guerre lasse les députés discutent les moyens de fournir « la manne » au roi ; après bien des discussions et une sixième visite des commissaires, on finit par en trouver d'acceptables : créations d'emplois, nouveaux décimes, etc. Me Pierre Joli, receveur provincial en la généralité de Paris, fut nommé, « vu son expérience et sa fidélité, pour faire la recette et la dépense des deniers accordés au Roy ».

Encore était-il spécifié que ces 3.000.000 de livres devraient être employés au siège de La Rochelle. L'assemblée du clergé tenait beaucoup, on le comprend, à ce siège de La Rochelle. Cette ville fut bloquée l'année suivante par Vitri, qui bâtit auprès le fort Louis, sans pouvoir emporter la place.

On sait comment cette première guerre se termina, après l'échec devant Montauban, la mort de Luynes et une seconde expédition plus heureuse, par le traité de Montpellier, conclu l'année suivante, 1622.

Mais cette paix de Montpellier n'était et ne pouvait être qu'une trêve. La royauté ne pouvait, sous peine de déchéance, laisser aux protestants les avantages politiques que leur avait accordés Henri IV. La France, selon la remarque de M. Hanotaux, ne pouvait être forte, tant qu'elle renfermerait dans son sein un corps organisé en pleine paix sur le pied de guerre, avec chefs indépendants, cadres militaires, places fortes, budget et justice à part.

Richelieu le sentait bien ; aussi, quoiqu'il n'eût pas applaudi à la guerre précédente, quand il fut lui-même ministre en avril 1624, il comprit (1) que le moment d'agir était arrivé, et il agit énergiquement. L'opinion publique était telle qu'on lui reprocha d'avoir montré encore trop de mollesse, puisqu'on l'appelait courammant « le pape des huguenots et le patriarche des athées ».

D'autre part, les huguenots devenaient de plus en plus violents et imprudents. Le parti avait tant de confiance en sa force réelle ou factice qu'il en était déjà arrivé aux divisions intestines. Un officier qui connaissait bien ses coreligionnaires parle (2) de « vanitez, ambitions, avarices, laschetez, fraudes, envies, haynes, desloyautez et trahisons parmi les peuples, villes et communautez huguenotes, voire chez anciens de leurs ministres », et il ajoute que « de telles divisions, exécrations, envies et défections sont procédées la plupart de leurs misères, calamitez, tribulations et désolations ; n'y ayant point de doute que si tous les huguenots eussent eu assez de religion, de bonne conscience et de loyauté pour s'unir indivisiblement et sans envie et jalousie les uns contre les autres... qu'ils eussent donné tant d'exercice à leurs destructeurs... que ceux-ci eussent enfin esté contraints de les laisser vivre en repos, liberté de conscience et seureté de leurs vies, honneur et bien... »

Les ducs de Soubise et de Rohan s'étaient enfin révoltés ouvertement ; les villes de La Rochelle, Castres, Montauban s'étaient déclarées pour eux. Le roi avait

---

(1) *Mémoires de Richelieu*, p. 330.

(2) *Œconomies Royales*, ch. ccxxvii, p. 533. Précis de la Régence de Marie de Médicis. Epoque de la paix de La Rochelle.

demandé aux Hollandais un secours de vingt vaisseaux, il avait de plus à soutenir une guerre assez coûteuse en Valteline ; il lui fallait donc de l'argent, beaucoup d'argent.

Aussi ce fut encore la grosse question qui occupa l'assemblée de 1625. Cette assemblée durait déjà depuis deux mois, quand un beau jour (1), le 3 juillet, « M. d'Orléans revint de la cour en déclarant qu'il n'y avait qu'une chose à faire, de terminer au plus vite les affaires pendantes et de se séparer, car ils étaient menacés d'une demande d'argent ; jamais aucune de leurs plaintes ne sera écoutée, aucune de leurs réclamations acceptée, si l'on ne baille de l'argent au Roy, qui est la chose la plus certainement préjudiciable et pernicieuse qui saurait jamais arriver au clergé ; si l'on accorde encore cette fois, cela passera en habitude, et il faut retrancher cette pernicieuse coutume... »

En conséquence on fait savoir à Fontainebleau, où était la cour, que l'on ne donnera rien cette année ; et l'on rappelle tous les députés pour terminer l'assemblée. Mais les chefs du clergé avait compté sans leur hôte ; le roi s'empresse de faire savoir à MM. les députés qu'il a besoin tout de suite de 1.200.000 livres ; il avait huit armées à entretenir, et la guerre avec les huguenots (29 août).

Le 2 septembre, M. de Rieux fait son rapport sur le contrat passé à Bordeaux le 2 octobre 1621, rapport très défavorable et plein de blâme : l'assemblée s'empresse de l'accepter ; avec le rapporteur elle trouve « audit contrat quatre défauts principaux ; le premier l'injure et l'injustice qui a été faite à toute l'assemblée, le deuxième que le contrat est conditionnel et que les conditions n'ont pas été observées, en quoi la bonne foi est violée; etc... » M. de Sisteron part en toute diligence pour présenter ce désaveu au roi.

Le même jour arrivait à l'assemblée une lettre très catégorique de Sa Majesté : « Membres de l'Etat et les

(1) *Procès-verbaux*, t. II, p. 437 sq.

plus privilégiés, y était-il dit, c'est de vous qu'en son besoin le roi doit tirer secours... » L'assemblée répond qu'en conscience elle ne peut accorder aucun secours d'argent à Sa Majesté.

Le président de Chevry, commissaire, insiste fortement. Le maréchal de Schomberg, M. de Châteauneuf sont envoyés successivement à l'assemblée. Le président répond invariablement que « quand le roi s'attachera au siège de La Rochelle ou de Montauban, il n'y a celui qui n'y contribue de son reste..., que M. le Maréchal porte donc le Roy à un si haut et si généreux dessein, pour le bien duquel le clergé contribuera de ses plus ardentes prières à Dieu !... »

Enfin le roi s'engage à ne dépenser le million d'or demandé qu'au siège de La Rochelle, et même « qu'il ne serait dispensé et distribué que par des commissaires du clergé ». Sur cette promesse, l'assemblée s'adoucit ; elle cherche les moyens pratiques de contenter le roi... et les trouve assez facilement.

Le traité de La Rochelle, 5 février 1626, n'avait été, comme la paix de Montpellier, qu'un simple armistice. Tant que le roi serait forcé de traiter avec les protestants, pour ainsi dire, de puissance à puissance, Richelieu surtout étant ministre, la querelle ne pouvait être terminée ni la question tranchée.

Aussi, dès l'année suivante, les calvinistes soutenus cette fois par l'Angleterre, on sait pour quelles raisons, reprirent les armes. Après diverses péripéties que nous n'avons pas à raconter ici, les Anglais furent battus à l'île de Ré, 8 novembre 1627.

D'après Richelieu, que nous continuerons à citer, car il complète à merveille les procès-verbaux du clergé, dès le 24 septembre précédent (1), le roi avait écrit au pape Urbain VIII « touchant le secours qu'il désirait du clergé et le désir qu'il eût eu que Sa Sainteté fût entrée en l'union qu'il avait avec l'Espagne contre l'Angleterre ».

---

(1) *Mémoires de Richelieu*, année 1627, p. 490.

Le pape répondit, « environ le temps de la déroute des Anglais en Ré », par un bref où il exhortait le clergé d'assister Sa Majesté jusques à un million d'or, sans lui prescrire les moyens par lesquels il le pouvait faire, ni lui donner autorité d'aliéner du fonds des biens ecclésiastiques pour faire cette somme... »

Le sieur de Béthune, qui était ambassadeur à Rome, déclarait en même temps par lettre « que le pape était incliné à la double décime pour deux ans, plutôt qu'à la vente ou revente des biens déjà aliénés ; il refusait d'accorder une croisade comme elle se lève en Espagne... où il y avait beaucoup de choses à reprendre et à blâmer. Il voulait bien accorder plénière indulgence à ceux qui serviraient en cette guerre, mais non pas à ceux qui n'y allant point paieraient quelque chose par tête... Pour le regard de tirer cette même contribution sur ceux qui voudraient manger du fromage ou des œufs en carême... il se sentait obligé à les confirmer en ce bon propos, étant bien juste d'entretenir les bonnes coutumes où elles se trouvent. Quant à l'union de France et d'Espagne contre Angleterre, il ne croyait pas devoir s'y engager... »

La principale préoccupation du roi et de Richelieu était d'obtenir de l'argent du clergé ; aussi l'on ne pressa pas davantage le pape d'entrer en la ligue proposée, mais on eût bien désiré à Paris que la réponse au sujet du subside fût plus précise et plus catégorique, que Sa Sainteté eût ordonné au clergé d'assister le roi d'un million d'or et indiqué le moyen de se procurer ce précieux million, « constituant, par exemple, 100.000 écus de rente sur les biens ecclésiastiques, excepté les hôpitaux, maladreries... et à la charge que chaque bénéficier serait tenu de racheter la rente de laquelle serait tenu son bénéfice en dix années... » Richelieu donne ici des détails si précis et prévoit tant de cas, que ce projet semble bien émaner de lui seul.

Mais le roi aima mieux, sans attendre un autre bref du pape ni se servir de celui qu'il avait reçu, assembler le clergé de France et lui demander « son assistance en cette guerre si sainte ».

L'assemblée se réunit tout d'abord à Poitiers, puis elle se transporta à Fontenay, afin d'être plus rapprochée de La Rochelle dont le siège était alors poussé avec vigueur.

Le 10 février, le roi, qui s'ennuyait à ce siège (1), quitta l'armée ; Richelieu, « après avoir longuement délibéré avec lui-même, resta sous les murs de la ville, afin d'en poursuive le siège et d'assurer le succès de cette entreprise capitale ».

Cette grave décision prise, il fallait de l'argent encore. Dès le 13 février, arrive à l'assemblée une lettre du roi (2) « disant que Sa Majesté désirait qu'en huit jours on résolût le secours que réquérait l'affaire à laquelle il s'attachait autant pour le bien de l'Eglise que pour celui de son Etat ».

On délibère plus lentement. Le 2 mai, M. de Châteauneuf se présente au nom du roi ; il fait un tableau assez juste, quoique pathétique, de toutes les dépenses du roi : il a retiré plus de cent vingt places, villes et châteaux des mains des huguenots, comme il espère faire de La Rochelle..., et la harangue se termine naturellement par une demande de 4.000.000 de livres. L'assemblée en offre deux seulement, M. de Châteauneuf les refuse. Le roi de rechef demande trois millions, ou que « l'assemblée ait à se retirer dans quatre jours ». On envoie au roi des députés qui finissent par le joindre. On s'arrange encore une fois pour un million d'or, et le contrat est signé.

On sait quelle fut l'issue de cette dernière guerre religieuse. Le duc de Rohan vaincu dut faire sa soumission en termes très humbles ; les calvinistes « furent contraints d'accepter la paix, non comme ils le désiraient, mais comme il plut au Roi la leur donner et non en forme de traité, comme ils avaient toujours fait par le passé, mais par abolition et par grâce ».

Cet édit de grâce, signé à Alais le 28 juin, laissait aux protestants la liberté de conscience, l'égalité des

---

(1) *Mémoires de Richelieu*, année 1620, p. 513-514.
(2) *Procès-verbaux*, t. II, p. 615 sq.

droits civils et politiques ; mais ils durent raser sans exception « toutes les fortifications et forteresses qui s'étaient portées à rebellion, et ce à leurs dépens et par leurs mains propres. Ils durent restituer les églises qu'ils avaient usurpées ». En un mot l'édit d'Alais supprimait de l'édit de Nantes les articles qui permettaient aux protestants de constituer un Etat dans l'Etat et de faire la loi au roi. Le clergé de France, en réclamant avec insistance que l'on assiégeât La Rochelle, n'avait pas peu contribué à ce succès de la patrie française.

CHAPITRE III

De l'Edit de Grâce à la mort de Mazarin.

De la prise de La Rochelle à 1635, il n'y eut pas d'assemblée générale du clergé ; il se tint seulement quelques assemblées de prélats, lesquelles firent au roi des remontrances sur plusieurs articles de l'ordonnance de 1629, sur la nomination des agents, sur des lettres de cachet envoyées aux évêques, etc. Aucune ne s'occupa des protestants.

Il n'en fut pas de même à partir de 1635 : dans presque tous les procès-verbaux nous trouvons dès lors une suite de plaintes contre eux.

Ils étaient vraiment acharnés contre le culte catholique ; ils commettaient comme à plaisir les sacrilèges les plus abominables, et justifiaient ainsi en quelque sorte les mesures de rigueur que les assemblées du clergé réclamèrent contre eux. De plus ils empiétaient continuellement sur le pouvoir ecclésiastique et violaient de gaîté de cœur les édits de Nantes.

Mais le clergé veillait, et aucune de leurs infractions ne passait inaperçue. Chaque fois le roi est averti et généralement il refrène l'audace des protestants.

Il serait fastidieux d'énumérer tous ces délits, comme aussi toutes les mesures qui furent proposées par le clergé et prises par le roi : nous ne rappellerons que les plus caractéristiques.

Les plaintes du clergé commencèrent à l'assemblée qui se tint au couvent des Augustins du 25 mars 1635 au 27 avril 1636, et qui, s'il faut en croire le *Journal* du Sr. Moreau, abbé de Saint-Josse et l'un des secrétaires, fut si gênée par les intrigues et les sourdes menées de Richelieu.

C'est ainsi qu'à Saint-Laurent (1), au diocèse de Gap, Jean Lagier de la R. P. R., « étant entré dans l'église paroissiale, y avait pris les ornements sacerdotaux, et s'en étant habillé, était monté à cheval, tenant entre ses mains une tranche de rave, ronde en forme d'hostie, courut tout le village et les hameaux qui en dépendent, accompagné de plusieurs autres de son parti, tous masqués, les uns portant des tambours, les autres des cornemuses, et l'un d'eux un bassin, dans lequel ledit Lagier contraignait ceux qu'il rencontrait en chemin d'offrir de l'argent, les faisant préalablement mettre à genoux devant lui, leur disant qu'il portait le Dieu des papistes et que, par la bénédiction qu'il leur donnerait avec ladite pièce de rave, tous leurs péchés passés et futurs leur seraient pardonnés ». Trois curés du diocèse de Die et de Valence ont été assassinés par les protestants ; des ministres étrangers sont venus s'établir un peu partout ; des temples ont été bâtis contrairement à l'édit de Nantes, etc. Le Sr. Veron fait un long discours contre le ministre Daillé qui veut établir une troisième religion en France. Il recommence le lendemain, mais comme il n'en finit pas, on nomme une commission « pour ouïr la suite ».

En conséquence de tous ces attentats, l'assemblée demande au roi de prendre un certain nombre de mesures, et le roi les accorde presque toutes.

En ce moment même, Richelieu était l'allié des protestants d'Allemagne contre la Maison d'Autriche ; mais il n'entendait pas que ceux de France regagnassent peu à peu tout le terrain qu'il leur avait fait perdre si difficilement par la prise de La Rochelle.

---

(1) *Procès-verbaux*, t. II, p. 756.

On a jugé sévèrement cette alliance du cardinal avec les protestants d'Outre-Rhin ; on doit dire à sa décharge que c'était une alliance toute politique, comme celle que l'Espagne avait conclue quelques années auparavant avec les calvinistes de France.

Richelieu était si peu favorable aux protestants français qu'il agréa toutes les réclamations du clergé contre eux : il faisait peut-être attendre un peu son approbation, mais c'était là encore une manœuvre politique, pour obtenir plus sûrement le don gratuit exorbitant qu'il sollicitait alors.

L'assemblée de 1635 avait consacré aux protestants neuf articles de son cahier. Voici les principales mesures qu'elle obtint (1) : défenses à ceux de la R. P. R. de faire l'exercice de ladite religion ès villes où il y a évêché, ni ès lieux et seigneuries appartenant aux ecclésiastiques, ni autres que ceux qui leur sont accordés par l'édit de Nantes, et que les lieux où se fait le prêche, qui se trouveront bâtis sur les cimetières ou si proche de l'église que le service divin peut en être troublé seront démolis, et les cimetières des catholiques leur seront rendus... ; défense aux seigneurs protestants d'user d'aucun droit honorifique dans les églises ; défense aux juges protestants de connaître de la transgression des fêtes ; défense aux ministres de prêcher en dehors de leur résidence, conformément à l'édit de Nantes. Le roi reconnaît les écoles et collèges accordés à ceux de la R. P. R., mais il veut que l'article 14 de l'édit de 1606 soit observé.

L'assemblée qui se tint à Mantes en 1641 ne s'occupa point des protestants ; elle eut assez à faire de se défendre contre les prétentions pécuniaires de Richelieu ; d'ailleurs elle termina de façon assez révolutionnaire des débats très violents : Richelieu eut en somme le dessous dans sa lutte contre la noblesse ecclésiastique.

Tout ce désordre fut réparé par l'assemblée de 1645, « où tout fut conduit avec sagesse, prudence et lumière,

---

(1) *Table des procès-verbaux* p. 1788.

et dans l'union et l'intelligence la plus parfaite (1) ». Elle eut le temps de s'occuper des protestants ; mais, comme dans les autres assemblées jusqu'en 1665, le clergé remplit l'office de surveillant ; il se contenta de noter les attentats des protestants et d'en demander la répression.

En 1643, les protestants avaient obtenu de Mazarin un édit en vertu duquel étaient renvoyées aux Chambres mi-parties toutes les causes les concernant, même celles où les ecclésiastiques étaient parties (2). Fiers de ce succès, ils étaient devenus d'une hardiesse incroyable : ils entreprenaient de rétablir leurs temples partout où cela leur était défendu...

Après mûre délibération l'assemblée rédige le texte d'une déclaration, portant que toutes choses demeureront en l'état où elles étaient au décès du feu roi. Le chancelier promet de rendre cette déclaration.

L'assemblée proteste aussi contre le changement de religion, et prépare ainsi la loi des Relaps qui ne sera publiée que vingt ans plus tard.

Les cahiers des provinces présentés à l'assemblée de 1650 contiennent beaucoup de plaintes contre les huguenots. On était d'ailleurs en pleine Fronde : les protestants profitaient naturellement de l'anarchie régnant en France et de la faiblesse apparente de Mazarin, pour molester les catholiques et transgresser l'édit de Nantes.

La plupart de ces plaintes furent examinées dans une conférence tenue chez le duc d'Orléans (3) ; des protestants remplissent des charges de judicature ; ils ont rebâti des collèges et des temples un peu partout ; ceux de Nîmes ont exercé des violences contre l'évêque et le clergé de la ville, si bien qu'ils les ont forcés à se réfugier à Beaucaire ; ils empêchent de bâtir une église à Viviers... M. l'archevêque d'Embrun fait là-dessus

---

(1) *Procès-verbaux*, t. III, p. 111.
(2) *Procès-verbaux*, t. III, p. 240 sq.
(3) *Procès-verbaux*, t. III, p. 512 sq.

des remontrances au roi ; Mazarin lui fait répondre de bonnes paroles.

Les actes ne suivirent pas : tout au contraire, au plus fort de la Jeune Fronde, le 21 mai 1652, un mois après le combat de Bléneau, fut publiée une déclaration royale qui donnait beaucoup d'avantages aux protestants. Mazarin, qui venait de rentrer en France après son premier exil, avait rejoint le roi à Poitiers ; l'armée, qui tout d'abord marchait vers les mécontents de la Guyenne en grande partie protestants, avait dû remonter brusquement vers Paris que menaçait Condé.

Le ministre, qui avait pour principe de toujours céder, en apparence du moins, avait cru sans doute désarmer les provinces du Midi par ladite déclaration de mai. Condé, d'ailleurs, à cette époque précisément, se rapprochait des protestants et encourageait leur espoir d'établir enfin la république calviniste : « Pour vous dire, écrivait-il en 1652 (1), mes sentiments sur cette seconde cabale des huguenots que vous me mandez aller droit à la république, je crois que ce n'est pas la plus mauvaise de toutes, et mon sentiment est qu'il vaut mieux la soutenir sans pourtant la rendre maîtresse que de l'abattre... » En même temps il négociait un véritable traité avec la République anglaise et Cromwell.

Mazarin déjoua toutes ces tentatives, mais ce ne fut pas sans faire beaucoup de concessions aux protestants et sans humilier la couronne de France. Pourvu que le « petit troupeau » ne s'égarât pas, peu lui importait qu'il broutât de mauvaises herbes. Il avait, pensait-il, assez d'autres ennemis, pour ne pas s'en créer de nouveaux par des mesures de rigueur intempestives.

Le clergé de France, qui mettait le salut des âmes bien au-dessus des considérations politiques, était loin de partager cette manière de voir. Aussi allons-nous assister à une véritable lutte où le ministre se dérobe sans cesse et l'emporte en fuyant. Cette lutte,

---

(1) Cité par GAILLARDIN, *Histoire de Louis XIV*, t. II, p. 72.

d'ailleurs, ne se fit jamais ouvertement, car Mazarin était porté par caractère plutôt aux négociations qu'aux partis qui tranchent par la force, et Turenne disait de lui (1) : « M. le cardinal aimait à tenir toutes choses en balance, à se raccommoder avec ceux qui avaient quelque cause de mécontentement, à ménager les esprits qu'il ne pouvait gagner... »

L'assemblée générale qui se tint à Paris du 25 octobre 1655 au 23 mai 1657 fut extrêmement occupée : elle eut à traiter entre autres choses l'affaire du cardinal de Retz, la question du jansénisme ; elle s'occupa longuement aussi des protestants.

Les sujets de plainte d'ailleurs ne manquaient pas. Mazarin ne craignait pas de confier ou de laisser confier beaucoup de charges publiques à des calvinistes. Par exemple, si le clergé (2) ne s'y était opposé, le sieur Jouanne de la R. P. R. allait être receveur des Tailles à La Rochelle ; le sieur de Lorme, grand audiencier ; M. de la Moussaie, lieutenant du roi dans la Haute-Bretagne ; des protestants nommés en qualité de patrons à des cures catholiques. On construit malgré les édits des temples à Chalon-sur-Saône, sur les terres du prieuré de Lens, du chapitre de Noyon, à Rochechouart, ailleurs encore.

Et puis les huguenots dépassent vraiment les bornes de l'impiété et de l'audace. Témoin le nommé Truc (3), juge de Florensac, qui a commis en ce lieu plusieurs crimes d'impiété, et que l'on veut soustraire à la justice.

Mais surtout les calvinistes de Montauban sont indignes de pardon ! Une protestante, Jeanne Mouisset, se voulant convertir à son lit de mort, avait fait venir le père Antoine l'Héritier, jésuite ; celui-ci la confesse et va à l'église paroissiale pour chercher le saint Viatique. Pendant ce temps, les huguenots du quartier détachèrent des planches du degré de la maison. Le

---

(1) Cité par GAILLARDIN, *Histoire de Louis XIV*, t. II, p. 88.
(2) *Procès-verbaux*, t. IV, p. 145 sq.
(3) *Procès-verbaux*, t. IV, p. 154 sq. ; 161 sq., 172.

Père tomba et versa le saint ciboire. Il put cependant se relever, et communia la malade qui mourut bientôt après. Mais voilà bien autre chose : quand les chanoines se présentèrent, comme c'est la coutume, pour la levée du corps, il était trop tard : plus de deux mille huguenots, tous armés d'épées, de pistolets et de fusils, ayant à leur tête des ministres, s'étaient emparé du corps pour l'enterrer dans leur cimetière ; plusieurs catholiques avaient été blessés, le consul catholique forcé de crier : « Vive la Religion ! » ; les autres avaient dû s'enfuir pour échapper à la mort.

En présence de tant d'excès, on décide que des plaintes en seront faites à Mgr le cardinal. Le 24 janvier, comme il s'était rendu à l'assemblée, l'évêque de Lodève lui exposa « que l'affaire principale du clergé était la conservation de la religion qui devait tenir le premier ordre par sa dignité et par son importance... Elle doit être la privilégiée, puisqu'elle est la véritable et la catholique... Que si dans les provinces étrangères dont les peuples sont divisés par le malheur des hérésies, comme dans l'Allemagne, les sujets sont obligés à suivre la religion du prince, il serait à souhaiter pour le moins qu'en France, où les guerres civiles ont introduit la liberté de conscience à la faveur des édits, la religion catholique jouît de tous les avantages qui lui sont dus sur la prétendue religion. Le clergé de France étant contraint de subir cette liberté de conscience ne demande point qu'on renverse les édits qui ont été donnés, mais que l'on considère que le roi Henri IV, sortant du sein de l'hérésie et voulant reconnaître les services qui lui avaient été rendus par ceux de ce parti, leur accorda l'édit de Nantes, qui fut reçu après plusieurs instances au grand regret de tous les catholiques. Et néanmoins ceux de la R. P. R. ont entrepris beaucoup de nouveautés et fait plusieurs violences contre la teneur des édits... Le clergé espère que Son Eminence continuera de lui départir ses faveurs avec le même zèle qu'elle a témoigné jusqu'à présent. »

Ces plaintes étaient en somme assez modérées ; Mazarin les accueillit fort bien ; et il répondit en termes vagues « qu'effectivement les affaires de la religion étaient les plus importantes ; que le roi avait en cela toutes les dispositions que le clergé pouvait souhaiter, et que pour lui, tant qu'il occuperait la place qu'il avait l'honneur de tenir dans le conseil, il espérait d'agir de telle sorte qu'on connaîtrait qu'il n'y a point d'évêque qui a plus de zèle que lui pour les intérêts de l'Eglise... »

En parlant ainsi, Mazarin était peut-être sincère ; mais il cherchait avant tout à ménager les protestants : il se disait, non sans raison, que, pour mener à bonne fin la guerre contre l'Espagne et contre Condé, il avait besoin de toutes les ressources du royaume.

L'assemblée jugea bon, pour donner plus de solennité à ses réclamations, de les porter au roi lui-même. Louis XIV avait alors dix-sept ans ; il avait été proclamé majeur le 7 septembre 1651 et sacré à Reims le 7 juin 1654. Jusqu'ici Mazarin ne lui avait parlé que vaguement des affaires, et il employait tous les moyens qu'il jugeait propres à l'en distraire, à lui ôter la curiosité d'en savoir davantage. Les instructions qu'il lui donnait se réduisaient à lui recommander de tenir très bas les princes de son sang, de ne point se familiariser avec ses courtisans, surtout de savoir dissimuler avec tout le monde, lui montrant la dissimulation comme le point le plus important de l'art de régner : Mazarin voulait le façonner à son image et ressemblance.

Louis XIV, comme on sait, ne prit que ce qu'il voulut dans ce programme politique ; il substitua heureusement la dignité à la dissimulation. Déjà quelques mois auparavant, en 1655, il s'était montré tel qu'il devait être toute sa vie ; il avait fait acte de roi absolu. Il apprit étant à Vincennes que le Parlement faisait difficulté d'enregistrer certaines mesures fiscales. Il le fait convoquer, dit M. Chéruel dans son *Histoire de France sous Mazarin* (1), pour un nouveau lit de Justice ; il s'y rendit le 13 avril 1655 ; il portait un costume insolite, justaucorps rouge et chapeau gris.

---

(1) D'après les *Mémoires de Montglat*, 21ᵉ campagne, p. 306.

Son langage étonna comme son costume. « Chacun sait, dit-il, combien vos assemblées ont excité de troubles dans mon Etat, et combien de dangereux effets elles ont produit... Je suis venu tout exprès pour en défendre (*en montrant du doigt MM. des Enquêtes*) la continuation et à vous, Monsieur le Président (*en le montrant aussi du doigt*), de les souffrir, ni de les accorder, quelque instance qu'en puissent faire les Enquêtes. » Après quoi, ajoute le chroniqueur, Sa Majesté, s'étant levée promptement, sans qu'aucun de la compagnie eût dit une parole, elle s'en retourna au Louvre et de là au Bois de Vincennes, où le cardinal l'attendait.

Le jeune roi commençait donc à agir par lui-même, et avec vigueur. Le 2 avril 1656, il reçut l'assemblée du clergé, conduite par l'archevêque de Sens, M. de Gondrin. C'est ce M. de Gondrin, si connu dans l'histoire du jansénisme, et qui négocia avec M. Vialart, évêque de Châlons-sur-Marne, la Paix Clémentine en 1669 (1). Très intrigant et fort habile politique, il prit bientôt une assez grande place dans les assemblées du clergé.

Mazarin ne l'aimait pas, car il était chaud partisan du cardinal de Retz, et s'il faut en croire l'auteur anonyme de l'*Histoire manuscrite* (2), le ministre fit tout ce qu'il put pour l'empêcher en cette circonstance de porter la parole au nom du clergé.

D'ailleurs ce même auteur prétend que le procès-verbal de l'assemblée de 1655 doit être fort suspect (3). « Les créatures du cardinal Mazarin supprimaient, altéraient et changeaient les délibérations au gré du ministre. » Mais s'ils ont dénaturé la physionomie des débats, ce que nous ne croyons pas, car l'auteur janséniste est trop passionné, ce fut seulement quand il s'est agi du jansénisme et non des protestants. Il faut

---

(1) Voir *M. Vialart et la Paix Clémentine*, par I. Bourlon, Sueur-Charruey (Arras).

(2) Cité par *Procès-verbaux*, t. IV, p. 155.

(3) *Procès-verbaux*, t. IV, pièces justif., p. 143.

convenir cependant que l'original dudit procès-verbal est assez informe, composé de feuilles volantes, écrites de plusieurs mains, et même les séances pour la plupart ne sont pas signées de ceux qui y ont présidé.

Quoi qu'il en soit (1), au jour fixé, « l'assemblée se rendit au logis de Mgr l'archevêque de Narbonne, et on partit sur les trois heures pour aller au Louvre, où ayant été reçue par M. de Rhodes, grand maître des cérémonies, et par lui conduite dans la salle du conseil, M. du Plessis-Guénégaud, secrétaire d'Etat qui avait le département du clergé, l'est venu prendre, et passant par la salle des gardes, qui étaient sous les armes, l'a menée au grand cabinet de la reine, où étaient le roi, la reine, Mgr le duc d'Anjou, M. le chancelier et plusieurs grands du royaume. Mgr le cardinal Mazarin ayant joint la compagnie dans l'autre cabinet, et s'étant mis à la droite de Mgr l'archevêque de Narbonne, Mgr l'archevêque de Sens s'avança vers le roy et fit la remontrance dont il avait été chargé. »

Son discours fut très long ; dans ce qui a rapport aux protestants, il développe les mêmes idées que l'évêque de Lodève avait exprimées en présence de Mazarin deux mois auparavant.

M. de Gondrin parla avec tant de force, paraît-il, et avec tant d'éloquence que « Sa Majesté témoigna d'en être beaucoup satisfaite, comme l'étaient tous ceux qui s'y trouvaient. Le roy répondit qu'il avait entendu avec douleur le récit de tant d'entreprises et qu'il les ferait examiner par son conseil, pour y apporter les remèdes nécessaires, et qu'il ne manquerait jamais à ce qu'il devait à la religion. »

L'assemblée prend acte de la parole royale, et sans tarder elle fait agréer qu'un mémoire sera dressé pour être discuté en des conférences avec MM. du conseil. Ces conférences devaient se tenir en présence de Mazarin avec le chancelier et les membres du conseil. Elles plaisaient fort peu au cardinal, parce que sans doute elles devaient être dirigées par M. de Gondrin,

---

(1) *Procès-verbaux*, t. IV, p. 155 sq.

mais aussi parce qu'elles pouvaient le mener trop loin contre les protestants. Pour en empêcher le résultat il eut recours à sa tactique habituelle (1).

Le 7 avril, on annonce que la première conférence est différée de quelques jours, et que « cela donnerait plus de temps pour recevoir les preuves des griefs articulés contre les protestants. » Elle eut lieu seulement le 17 mai, et encore le ministre fit-il savoir au dernier moment qu'il n'y pourrait assister, empêché par un accès de goutte : c'est un accès aussi opportun qui l'empêchera plus tard de rendre le premier visite à Condé, rentré en France.

Cependant, malgré l'absence de Mazarin, on reçoit les commissaires du clergé avec beaucoup d'honneur ; on les laisse critiquer à leur aise la déclaration de 1652, rappeler avec une indignation éloquente tous les attentats des calvinistes ; et puis quand ils ont tout dit, MM. du conseil leur déclarent gravement que leurs propres pouvoirs sont insuffisants pour décider quoi que ce soit : c'était une première pièce que leur jouait Mazarin.

Le roi ayant donné les pouvoirs nécessaires pour traiter, la seconde conférence eut lieu le 23 mai ; Mazarin y assistait cette fois. Il proposa à l'assemblée de dresser elle-même les minutes des arrêts et déclarations qu'elle désirait ; il promettait de faire auprès du roi toutes les instances nécessaires pour l'avantage de la religion et pour la satisfaction de l'assemblée. Il serait difficile d'être mieux disposé, extérieurement du moins : mais les promesses coûtaient à Mazarin beaucoup moins que l'exécution.

En effet, à la troisième conférence qui se tint le 12 juin, le chancelier, de connivence avec Mazarin, apporte non pas une déclaration nouvelle qui eût annulé celle de 1652, mais une simple commission, délivrée à deux députés, l'un catholique, l'autre protestant, pour aller dans les provinces pourvoir aux réclamations des deux partis sur l'inexécution de l'édit de

---

(1) *Procès-verbaux*, t. IV, p. 173 à 174.

Nantes et autres édits et déclarations. Le coup était habile ; mais Mazarin avait affaire à forte partie ; M. de Sens vit le piège, fit rejeter ces propositions et dresser immédiatement la minute d'une déclaration révoquant celle de 1652.

Entre temps une députation de l'assemblée est reçue par le roi. L'évêque de Montauban fait un long discours où il raconte en détail le fait que nous avons rapporté plus haut, et il demande justice. Le roi promet de faire châtier les coupables. Mazarin, toujours très habile, prend à part ces députés, et, dans une longue conférence qui dure de quatre à sept heures du soir, leur assure que satisfaction sera donnée à l'assemblée, mais que M. le chancelier ne croit pouvoir dresser la déclaration en la manière qu'elle était demandée.

Deux autres conférences se tiennent encore le 24 et le 29 juillet, mais sans résultat. Bien plus, à cette dernière date, les commissaires eurent à subir un véritable affront. Quand ils arrivèrent à la porte de la salle où se devaient tenir la conférence « il n'y eut aucun huissier à la chaîne pour les recevoir à la manière accoutumée, et la chaise du roi n'y était pas, ni MM. les commissaires royaux. Ils chargèrent le sieur abbé de Roquepine de le dire à M. le chancelier, et puis ils se retirèrent. » Mazarin avait le dessous encore une fois, car ce manque d'égards ne rebuta point les commissaires.

A la conférence suivante qui se tint le 4 août, las d'être ainsi moqués, ces messieurs finirent cependant par perdre patience. M. de Gondrin déclara d'abord qu'ils étaient venus se plaindre de ce que, au préjudice des ordres du roi et d'une réponse faite de sa part à l'assemblée, le clergé n'avait encore rien obtenu. L'assemblée approuva cette sortie et déclara qu'il n'y avait plus rien à espérer des conférences et que l'on devait s'adresser directement au roi pour lui demander la réparation des entreprises faites par ceux de la R. P. R.

Il est à remarquer que depuis un mois Mazarin ne paraît plus ; il se contente de soutenir en dessous la résistance passive des commissaires royaux. A cette époque il était préoccupé par les mauvaises nouvelles qui venaient de la frontière de Flandre. Turenne, qui jusqu'ici avait tenu tête à Condé, venait de subir un rude échec devant Valenciennes, 16 juillet ; La Ferté, son principal lieutenant, avait été fait prisonnier avec la plus grande partie de ses troupes. Le roi et Mazarin avaient dû se rapprocher du nord, pour donner à l'armée l'appui moral de leur présence.

D'autre part, le Parlement de Paris commençait à s'agiter : il prétendait retenir toutes les causes portées devant lui, sans respecter le droit d'évocation devant le Grand Conseil.

Les députés du clergé ne purent aller trouver le roi ; mais le chancelier reçut une lettre lui enjoignant de satisfaire aux réclamations de l'assemblée. Alors les choses changèrent subitement de face. Dès le lendemain, 8 août, eut lieu une septième et dernière conférence. Les commissaires traitèrent longuement de seize points principaux, consulat de Montpellier, patronats, charges possédées par les huguenots, sacrilèges, etc., et ils obtinrent complète satisfaction. La déclaration du 18 juillet fut « vérifiée » au Parlement le 9 septembre, selon sa forme et teneur, sans aucune modification (1) ; « de quoi la compagnie étant très satisfaite remercia Mgrs les commissaires des soins qu'ils avaient pris pour la vérification de ladite déclaration ».

Et l'assemblée continua ses travaux. Mais les huguenots n'étaient nullement intimidés ; ils semblaient au contraire enhardis par ces demi-mesures, par l'hésitation et la mauvaise volonté que Mazarin mettait à réprimer leurs excès.

Le 14 octobre on lut à l'assemblée une lettre (2) par laquelle il était évident qu'ils « entretenaient un commerce et une union avec les Etats de Hollande. Ces Etats prenant part aux affaires des religionnaires de

---

(1) *Procès-verbaux*, t. IV, p. 175.
(2) *Procès-verbaux*, t. IV, p. 177.

France avaient donné ordre à leur ambassadeur de faire instance auprès du roi pour empêcher la démolition des temples nouvellement bâtis ».

En même temps leurs exigences redoublaient ; comme pour braver le clergé, ils demandaient de nouvelles charges publiques, et les obtenaient : le gouvernement du Limousin, enlevé à l'archevêque de Bourges, fut à cette époque donné à Turenne ; ils construisaient de nouveaux temples ; ils publiaient des libelles contre les remontrances du clergé : *Lettres d'un habitant de Paris à un de ses amis de la campagne sur les remontrances du clergé de France; Réponse à la remontrance du clergé de France* ; évidemment, ces écrits n'avaient ni la valeur littéraire, ni la vogue des *Provinciales* ; mais ils ne laissaient pas de faire du tort à la religion, car ils étaient « tout remplis de faussetés et de propositions insolentes, injurieuses au Roy, séditieuses et blasphématoires » ; en outre les calvinistes réclamaient un synode national ; sur les observations de l'assemblée, Mazarin promet que « jamais Sa Majesté n'en donnerait la permission ». Deux ans plus tard le synode national tenait séance à Loudun.

L'assemblée, d'ailleurs, dénonçait au fur et à mesure tous ces excès, et faisait prendre des mesures pour les réprimer.

Elle demandait aussi qu'en vertu de la déclaration du 18 juillet, des commissaires fussent envoyés dans les provinces. Mazarin trouvait toujours des prétextes à différer. L'assemblée s'étant séparée, les agents durent prendre l'affaire en main (1). Mazarin est obligé de céder à leurs importunités, mais, par une insigne tromperie, il change le texte de la commission que l'assemblée avait eu cependant la précaution de faire fixer auparavant : au lieu de dire « pour l'exécution d'icelle déclaration » comme c'était convenu, il avait mis « pour l'édit de Nantes, arrêts et déclarations donnés en conséquence », si bien que les commissaires devaient

---

(1) *Procès-verbaux*, t. IV, p. 523, 529, 565.

faire exécuter la déclaration de 1652 ; celle de 1656 était comme non avenue.

L'assemblée du clergé était trompée indignement ; les agents, outrés de cette perfidie, « aimèrent mieux que les commissaires ne partissent point que de partir avec de telles commissions ». Il ne purent exercer leur mission qu'après la mort de Mazarin.

D'ailleurs le cardinal se montrait de plus en plus complaisant pour les protestants. Ils tenaient des assemblées illicites, ils demandaient à être reçus par le roi, « comme formant un corps dans l'Etat », ce qu'ils n'avaient jamais osé prétendre, et cette audience leur avait été accordée.

Une assemblée de prélats, tenue extraordinairement en 1658, s'en plaignit à Mazarin (1). Celui-ci chercha à tranquilliser les évêques en leur assurant « que l'audience sera donnée aux P. R. en particulier et sans éclat, et qu'ils ne seront conduits par aucun officier de cérémonies. M. le chancelier leur témoignera d'abord que Sa Majesté trouve mauvais de ce qu'ils avaient fait des députations sans sa permission, et que, ne formant pas corps dans le royaume, ils ne devaient pas être reçus en aucune audience, que néanmoins le Roy, en reconnaissance des services qu'ils avaient rendus pendant les troubles, avait voulu les voir, pour leur dire que, s'ils avaient quelques mémoires à donner, ils les missent entre les mains du sieur de Ruvigny, leur député général ».

Évidemment Mazarin se moquait des prélats, lesquels, d'ailleurs, tenaient séance en son propre palais, et il était très reconnaissant aux calvinistes de ce qu'ils ne s'étaient pas révoltés ouvertement pendant la Fronde.

A la même époque Mazarin manquait encore plus gravement à sa parole ; il permettait aux calvinistes de se réunir en synode national, malgré ce qu'il avait dit au clergé en 1656. L'abbé de Roquepine et l'archevêque de Rouen lui avaient bien écrit (2) pour protester

---

(1) *Procès-verbaux*, t. IV, pièces just., p. 145-146.
(2) *Procès-verbaux*, t. IV, p. 531, 532.

et lui faire observer combien cette assemblée serait préjudiciable à l'Eglise ; il avait répondu que le roi avait pris cette décision en son absence, et que d'ailleurs cela tournerait plus qu'ils ne le pensaient au profit de l'Eglise catholique.

Il faut dire de suite qu'en effet Mazarin fit tout ce qu'il put pour rendre inutile ce synode national : les députés ne purent y prendre de résolution sérieuse ; celui qu'ils envoyèrent au roi ne put être ouï que comme un particulier, et fut forcé de parler à genoux. En même temps, pour punir la ville de Montauban, le roi supprima l'académie que les huguenots y avaient établie, fit détruire toutes les fortifications qu'ils avaient relevées pendant les guerres civiles, et envoya des troupes contre la ville d'Orange. Cette ville, qui appartenait aux Nassau des Provinces-Unies, offrait à tous les huguenots un refuge assuré presque au sein de la France, et de là ils pouvaient impunément insulter le roi. Elle fut prise et réduite à l'obéissance. En même temps, après une discussion aigre-douce, le prêche public en français fut supprimé à l'ambassade des Provinces-Unies à Paris ; l'exercice de la religion luthérienne interdit à l'intérieur de Paris, les impiétés de l'armée de Turenne dans le nord réprimées sévèrement... L'abbé de Roquepine était, comme on le voit, un agent général très actif et bien en cour.

Mazarin était d'ailleurs délivré par le traité des Pyrénées de la guerre contre l'Espagne : il pouvait sans danger se montrer plus ferme contre les protestants.

On arriva ainsi à l'assemblée qui se tint du 25 mai 1660 au 22 juin 1661, d'abord à Pontoise, puis à Paris, et pendant laquelle Mazarin mourut à Vincennes le 9 mars 1661.

Les cahiers des provinces sont encore tout remplis de plaintes, et pour les mêmes excès, contre les protestants.

Parmi ces excès un des plus considérables est celui des Sieurs de la Roche-Giffart en Bretagne (1). Ils sont accusés d'avoir incendié une chapelle et un couvent

---

(1) *Procès-verbaux*, t. IV, p. 566 sq.

de cordeliers, d'avoir volé un saint ciboire où étaient plusieurs hosties consacrées. Cela se termina par un arrêt du Parlement de Rennes, condamnant le « particulier atteint et convaincu du vol du saint ciboire à être pendu et brûlé ».

Les habitants de la ville d'Aimet, en Périgord, ont profané les saints Mystères d'une manière impie et tout à fait sacrilège : plusieurs sont condamnés à mort par le Parlement de Bordeaux.

Il y a encore des catholiques séquestrés, des croix outragées, des prêtres et des religieux maltraités ou même assassinés, à Nantes par exemple, des placards injurieux à l'Eglise affichés partout, des charges publiques exercées par des huguenots, et surtout des temples fort nombreux, plus de deux cents, construits en pays interdit... Les commissaires du roi pour les affaires de la religion déclarent que l'article 27 de l'édit de Nantes donne aux huguenots le droit d'exercer des charges publiques, mais ils ajoutent que c'est là un privilège contraire au droit divin, civil et canonique. Quand aux temples construits, ils sont tous contraires aux articles de l'édit de Nantes.

Jusqu'ici le clergé n'avait fait en somme que se défendre, pour ainsi dire, que surveiller l'exécution des traités, mais il semble désormais résolu à aller plus loin, et à attaquer les protestants, afin de n'être pas débordé par eux.

C'est ainsi que le 14 juillet 1660 (1), sur la proposition de l'évêque d'Agde, l'assemblée arrête que le roi sera très humblement supplié de donner une déclaration, « portant que les catholiques qui changeront leur religion pour embrasser la P. R. ne jouiront point de la liberté accordée par nos rois à leurs sujets faisant profession de ladite religion, et sortiront de son royaume ». Les commissaires du clergé demandent en plus que la déclaration porte « défenses d'apostasier, que les relaps soient punis corporellement, comme les ordonnances de Charles IX le désirent ; qu'une autre déclara-

---

(1) *Procès-verbaux*, t. IV, p. 587, 589.

tion permette aux évêques, curés et autres ecclésiastiques de voir les malades de la R. P. R. qui sont en volonté de se convertir ; de même pour les enfants mineurs, avec l'aide des juges des lieux respectifs ».

Il fut décidé que tous ces vœux, et beaucoup d'autres moins importants, touchant les cimetières, les hôpitaux, les collèges, les patronages de cures, les collectes, etc. seraient réunis en un mémoire, et ce mémoire présenté au roi.

Sur ces entrefaites, Mazarin mourut le mercredi 9 mars 1661, et le clergé se trouvait débarrassé d'un protecteur fort gênant.

Ce ministre trop habile ne semble avoir excité dans l'assemblée, comme d'ailleurs dans le reste de la France, à commencer par ses nombreuses nièces qu'il avait cependant si richement dotées, que des regrets officiels.

Sans doute, de son vivant, au début de sa maladie, son éloge fut fait en pleine assemblée du clergé dans un rapport de l'abbé de Roquepine : « Ce cardinal, s'écriait avec emphase l'agent général, n'est qu'au commencement de sa course, il a donné la paix à l'Etat pour la donner à l'Eglise ; car, quoiqu'il l'ait toujours regardée comme un bien universel et nécessaire à toute l'Europe, et que dans cette vue il ait par ses veilles et ses travaux formidables ruiné sa santé... néanmoins nous pouvons vous dire avec vérité que l'ayant envisagée comme l'unique moyen pour pouvoir ramener ces brebis égarées dans leur bercail, pour rendre la lumière à ces aveugles, et détruire et anéantir les ténèbres de l'erreur par la force de la vérité, c'est sans doute le principal motif qui fait qu'il s'est porté avec le dernier zèle à sacrifier tous les moments de sa vie, depuis un si long temps, pour réduire les ennemis de cet Etat à désirer la paix... »

Sans doute encore, le 14 février, l'assemblée, ayant appris que le cardinal allait mieux (1), témoigna beaucoup de joie « du bon effet que les remèdes avaient pro-

---

(1) *Procès-verbaux*, t. IV, p. 800.

duit ». Plus tard elle fit pour l'illustre malade des prières solennelles ; mais le cardinal de Retz, lui aussi ennemi acharné de Mazarin, avait bien fait exposer le Saint-Sacrement et ordonné des prières dans toutes les églises de Paris.

Le 7 mars (1), Mazarin envoie un exprès pour remercier l'assemblée « des démonstrations publiques qu'elle avait données de la douleur qu'elle ressentait, et pour l'assurer qu'il n'avait point de plus sensible regret que de ne pouvoir exécuter les projets qu'il avait formés pour l'honneur et pour l'avantage du clergé. » Sur quoi il a été arrêté que la compagnie irait en corps à Vincennes pour assurer Son Eminence de ses respects : ce qu'elle fit. Le surlendemain sonnait pour Mazarin, selon sa propre expression, l'heure de la miséricorde.

Aussitôt l'assemblée nomma deux députations, l'une pour assister au service qui allait se célébrer à Vincennes, l'autre pour témoigner au roi « le ressentiment qu'elle avait de la mort de feu M. le cardinal ». Le 2 avril, service solennel aux Augustins et oraison funèbre par l'évêque de Lavaur ; enfin le 8 du même mois, l'assemblée assiste en corps au grand service que le roi fait célébrer à Notre-Dame. Et ce fut tout. Dans tout cela il n'y a rien que d'officiel et de commandé par les bienséances.

Un mois plus tard l'abbé de Roquepine, ancien agent et l'un des promoteurs, étant venu à mourir (2), « l'assemblée témoigna beaucoup de regret dudit sieur abbé, lequel a si dignement servi pendant le temps de son agence et en sa charge de promoteur ». Il lui fut fait aussi un service solennel en l'église des Augustins. Il y eut peut-être moins de pompe officielle que pour Mazarin, mais à coup sûr plus de sincérité.

---

(1) *Procès-verbaux*, t. IV, p. 800.
(2) *Procès-verbaux*, t. IV, p. 802.

CHAPITRE IV

De la mort de Mazarin à la Révocation de l'Edit de Nantes.

A la mort de Mazarin, une nouvelle phase commença dans la lutte entre le protestantisme et le clergé de France ; celui-ci trouvait en Louis XIV un auxiliaire aussi puissant que convaincu, trop convaincu même, puisque bientôt il finit par agir pour son propre compte et assumer presque toute la responsabilité des mesures prises.

Le mémoire (1) que le roi avait demandé à l'assemblée était prêt quand Mazarin mourut. Il justifiait la loi contre les relaps, en disant que les huguenots n'auraient pas à s'en plaindre, puisqu'ils pourraient continuer l'exercice de la R. P. R., ni les catholiques non plus, puisqu'elle les empêcherait de se pervertir. Au sujet des commissaires de l'édit, il prétendait que si l'un était catholique et l'autre protestant, « c'était le moyen de ne remédier à rien, puisque, outre la dépense excessive que feront lesdits commissaires, ils ne seront jamais d'accord ».

(1) *Procès-verbaux*, t. IV, p. 605.

Ce mémoire (1) fut présenté au roi par l'évêque de Digne. « Sa Majesté témoigna, paraît-il, tout le zèle et toute la passion imaginable pour l'Eglise et pour la religion. » Cependant il n'alla pas aussi vite que le clergé l'eût désiré. Il répondit « qu'il passionnait autant que le clergé de détruire le libertinage dans son royaume, et d'empêcher que les hérétiques n'eussent rien au delà de ce qui leur avait été accordé par les édits, et que pour ce sujet il lirait le mémoire avec soin, qu'il examinerait toutes les raisons en son conseil, et qu'il réglerait bientôt toutes choses pour le bien et pour l'avantage de la religion ».

L'assemblée eût désiré une réponse plus formelle ; elle la sollicita à plusieurs reprises, mais elle dut se séparer avant de l'avoir obtenue.

Louis XIV dans ses *Mémoires* explique sa manière d'agir en cette circonstance ; le motif en est assez curieux : « Jusques aux moindres démarches, dit-il, tout était important pour faire voir à la France quel serait l'esprit de mon règne.

« J'étais blessé de la manière dont on s'était accoutumé à traiter avec le prince ou plutôt avec le ministre mettant toujours en condition ce qu'il fallait attendre de ma justice ou de ma bonté. L'assemblée du clergé qui avait duré longtemps dans Paris différait, à l'ordinaire, de se séparer, comme je l'avais témoigné souhaiter, jusqu'à l'expédition de certains édits qu'elle avait demandés avec instance. Je lui fis entendre qu'on n'obtenait plus rien par ces sortes de voies ; elle se sépara, et ce fut alors seulement que les édits furent expédiés. » C'est ainsi que Louis XIV commençait ce « métier de roi » qu'il devait faire pendant cinquante-cinq ans encore.

Ce n'était là d'ailleurs qu'une question de forme, par laquelle il voulait imposer son absolutisme. Il était tout disposé à faire bon accueil aux demandes du clergé contre les protestants. Un autre passage de ses

---

(1) *Procès-verbaux*, t. IV, p. 605.

Mémoires nous fait connaître d'une façon non équivoque quelle était dès lors sa décision envers le protestantisme : « Quant à ce grand nombre de nos sujets de la R. P. R., qui était un mal que j'avais toujours regardé et que je regarde encore avec douleur, je formai dès lors (1661) le plan de toute ma conduite envers eux, que je n'ai pas lieu de croire mauvaise, puisque Dieu a voulu qu'elle ait été suivie et le soit encore tous les jours d'un très grand nombre de conversions... Je crois, mon fils, que le meilleur moyen pour réduire peu à peu les huguenots de mon royaume était, en premier lieu, de ne les point presser du tout par aucune rigueur nouvelle contre eux, de faire observer ce qu'ils avaient obtenu de nos prédécesseurs, mais de ne leur rien accorder au delà et d'en renfermer même l'exécution dans les plus étroites bornes que la justice et la bienséance pouvaient permettre... Mais quant aux grâces qui dépendaient de moi seul, je résolus et j'ai assez ponctuellement observé depuis, de ne leur en faire aucune, et cela par bonté, non par aigreur, pour les obliger par là à considérer de temps en temps d'eux-mêmes et sans violence si c'était par quelque bonne raison qu'ils se privaient volontairement des avantages qui pouvaient leur être communs avec tous mes autres sujets.

« Cependant, pour profiter de l'état où ils se trouvaient d'écouter plus volontiers qu'autrefois ce qui pouvait les détromper, je résolus aussi d'attirer, même par récompenses, ceux qui se rendraient dociles ; d'animer autant que je pourrai les évêques, afin qu'ils travaillassent à leur instruction et leur ôtassent les scandales qui les éloignaient quelquefois de nous... »

Ainsi sa manière d'agir devait être fort simple, ôter d'une main à ceux qui s'obstineraient, donner de l'autre à ceux qui se convertiraient. Louis XIV n'admettait pas, comme on le voit, les principes d'intolérance farouche alors en vigueur partout ; en Angleterre où la prétendue conspiration papiste faisait exiler plus de trente mille catholiques, emprisonner deux mille autres dont beaucoup furent mis à mort ; en Hollande où les catholiques étaient privés de tout droit ; à Genève où ils demeuraient « par souffrance » et où ils n'avaient même pas le droit de se marier ; en Allemagne où la religion du prince devait être celle de tous ses sujets.

Louis XIV ne voulait pas supprimer brusquement l'édit de Nantes, comme le lui permettait le droit commun d'alors, et comme le lui demandait l'opinion publique en France ; il voulait le garder, mais le ramener à ses plus strictes limites, le détruire, pour ainsi dire, par lui-même et en supprimer la raison d'être par l'application qu'il en ferait.

C'est d'ailleurs ce que lui proposait, dès 1656, l'orateur du clergé, l'évêque de Comminges (1) : « Nous ne demandons pas que Votre Majesté bannisse à présent de son royaume cette malheureuse liberté de conscience qui détruit la liberté des véritables enfans de Dieu, parce que nous ne jugeons pas que l'exécution en soit facile ; mais nous souhaiterions au moins que ce mal ne fît point de progrès et que, si votre autorité ne le peut étouffer tout d'un coup, elle le rendit languissant, et le fît peu à peu par le retranchement et la diminution de ses forces. »

C'est donc en se réclamant de l'édit de Nantes, comme nous le verrons, que le clergé proposera ses vœux au roi, et que celui-ci les transformera en édits ou en déclarations.

A la mort de Mazarin, les deux secrétaires d'Etat qui s'occupaient des affaires religieuses étaient La Vrillière et du Plessis, « bonnes gens, au dire de Louis XIV en ses *Mémoires*, mais dont les lumières paraissaient seu-

---

(1) Cf t. IV, p. 151. M. de Lodève exposa que l'affaire principale du clergé était la conservation de la religion, qu'elle doit être la privilégiée, puisqu'elle est la véritable et catholique... que si dans les provinces étrangères... les sujets sont obligés à suivre la religion du prince, il serait à souhaiter pour le moins qu'en la France où les guerres civiles ont introduit la liberté de conscience à la faveur des édits, la religion catholique jouît de tous les avantages qui lui sont dus sur la prétendue religion ; que le clergé de France, étant contraint de souffrir cette liberté de conscience, ne demande point qu'on renverse les édits qui ont été donnés... » Discours de l'évêque de Lodève au cardinal Mazarin.

lement proportionnées à l'exercice de leurs charges, dans lesquelles il ne tombait rien de bien important ». La Vrillière et du Plessis avaient été les instruments dociles de Mazarin pour endormir le clergé par de bonnes paroles ; ils furent non moins dociles à rédiger les ordonnances de Louis XIV contre les protestants. De tous les ministres Colbert seul eût bien voulu tout d'abord ménager les protestants, comme d'ailleurs les juifs, qu'il estimait utiles au commerce et à l'industrie, mais il finit bientôt lui aussi par approuver entièrement les mesures prises par Louis XIV.

La première satisfaction que Louis XIV accorda au clergé, ce fut de faire délivrer aux commissaires de l'édit (1) leurs pouvoirs dans les termes mêmes que l'assemblée avait inutilement demandés à Mazarin : ils furent chargés de visiter toutes les provinces et de remédier aux infractions qui seraient faites à l'édit de Nantes. Cette fonction qui paraissait si légitime et si inoffensive devint cependant un des plus sûrs instruments de la ruine des réformés ; c'est grâce à elle que le clergé put obtenir la stricte observation de l'édit, d'autant plus que bientôt, sur les réclamations des assemblées, elle ne fut plus confiée qu'à des commissaires faisant profession de la religion catholique.

En avril 1663 fut rendue (registrée au Parlement le 7 juin suivant) la déclaration que le clergé avait demandée contre les relaps : elle portait « défense à tous ceux de la R. P. R. qui auront fait une fois abjuration de ladite religion d'y plus retourner ; et à tous prêtres et autres personnes engagés dans les ordres sacrés ou par quelque autre vœu de quitter la religion catholique sur les peines portées par les ordonnances ». L'article XIV de l'édit de Nantes portait bien que « nulle contrainte ne serait exercée contre ceux qui auraient ci-devant abjuré et retourné à la R. P. R. ». Le roi déclare que cette faveur ne s'applique qu'aux relaps d'avant l'édit de Nantes ; et il justifie la mesure

---

(1) *Procès-verbaux*, t. IV, p. 602 sq.

nouvelle en disant que « plusieurs de ses sujets de la R. P. R., par des considérations de mariage et autres semblables motifs, ayant fait profession de la religion catholique et participé à ses plus saints mystères, retournent à leurs premières erreurs, et par cet abus et profanation retombent dans le crime de sacrilège et de relaps, au préjudice de toutes les lois divines et humaines ».

Cette loi des relaps, quoique suffisamment justifiée, était fort sévère : elle assimilait non sans raison, les relaps, aux profanateurs et sacrilèges. L'animosité contre les protestants était telle alors que la plupart des tribunaux instruisirent aussitôt des procès criminels contre ceux qui avaient commis cette faute ; le conseil du roi fut obligé d'interpréter la loi, et il fit défense de lui donner un effet rétroactif. Il définit encore ce qu'on entendait par la rigueur des ordonnances, et il statua que les relaps seraient bannis à perpétuité du royaume.

Le 3 novembre 1664, un arrêt du conseil, rendu à la demande du syndic de Nîmes, compléta cette loi des relaps (1). L'arrêt rappelle d'abord que l'article 18 de l'édit de Nantes fait « défense à ceux de la R. P. R. d'enlever par force ou induction les enfants catholiques, ni d'induire les catholiques à changer de religion » ; puis, considérant que les protestants contreviennent journellement à cet article en donnant aux pauvres catholiques de l'argent, les prenant à leur service ou les faisant épouser des femmes de la R. P. R.... même les battant et les excédant lorsqu'ils ne veulent changer de religion, il déclare « que cela mérite un châtiment exemplaire, et fait inhibitions et défenses à ceux de la R. P. R. ès villes et lieux du royaume de suborner ni d'induire les catholiques de changer de religion, sous prétexte de pension, argent, mariage, ou de quelque autre manière que ce soit, à peine d'être puni suivant la rigueur des édits ; de plus défend Sa Majesté à ceux qui ont été catholiques et qui changent de religion

---

(1) *Mémoires du Clergé*, t. I, p. 2097 sq., texte de l'édit.

de se marier qu'après avoir été six mois de ladite R. P. R. ».

Par contre le 24 avril 1665 les protestants obtinrent deux édits (1). Le premier permettait « aux ministres de demeurer dans les villes où il n'y avait nul service de la R. P. R. ; le deuxième défendait à toutes personnes d'enlever les enfants de ceux de la R. P. R. et de les induire à changer de religion, savoir les mâles avant l'âge de quatorze ans et les filles avant celui de douze ans. »

Il faut remarquer de suite que l'attitude des protestants s'était bien modifiée, et pour cause, depuis 1660. C'est la première fois depuis longtemps qu'en 1665 le clergé n'avait à leur reprocher ni assassinats, ni sévices, ni temples érigés indûment, etc. On a calculé que, depuis le commencement des guerres de religion jusqu'à l'époque où nous sommes arrivés, les calvinistes en France avaient ruiné plus de dix mille églises et tué plus de deux mille prêtres ou religieux, sans compter les autres.

Mais ils étaient devenus prudents ; ils sentaient que l'heure de la justice allait sonner et aussi celle du châtiment ; le pouvoir de Louis XIV s'affermissait de jour en jour : ils sentaient que tous leurs attentats seraient désormais sévèrement punis, et que même ils auraient à se défendre contre les rigueurs exagérés du gouvernement.

Les Chambres de l'édit seules se montraient encore assez faciles aux protestants. Voici un exemple entre autres (2). Le nommé Le Grain, tisserand, demeurant à Vitry-le-François, « pour avoir suborné plusieurs de ses apprentis, proféré des blasphèmes contre la religion catholique et tenu des discours injurieux contre N. S. Père le Pape », avait été condamné le 16 avril 1655 à déclarer en l'audience de la Prévôté dudit Vitry, tête nue et à

---

(1) *Procès-verbaux*, t. IV, p. 902.

(2) *Procès-verbaux*, t. IV, p. 912.

genoux, que témérairement et comme mal avisé... et défense lui fut faite de récidiver à peine de punition corporelle », il fut banni pour une année et condamné à l'amende et aux dépens. Le Grain en appela à la Chambre de l'édit de Paris, laquelle cassa l'arrêt et condamna Le Grain seulement à vingt-quatre livres d'amende sans dépens. Aujourd'hui loin d'être condamné le sieur Le Grain serait sans doute félicité par les tribunaux, mais alors cette indulgence relative fit scandale, et l'assemblée du clergé réclama comme nous le verrons plus loin.

D'autre part les commissaires de l'édit avaient obtenu plusieurs arrêts avec de nombreux articles « portant règlement des contraventions faites à l'édit de Nantes » : Arrêt du 15 juin 1663 portant que le temple de ceux de la R. P. R. de la ville de Montagnac sera démoli dans un mois... (1) ; arrêt du 5 octobre 1663 pour le Languedoc et pays de Foix en quarante-cinq articles ; du 18 septembre 1664 en quarante-et-un articles pour Vienne, Valence, Die, etc ; du 22 septembre 1664 pour Soissons et Laon ; du 27 janvier 1665 pour Amiens.

Telle était la situation lorsque l'assemblée du clergé se réunit en 1665 ; elle tint séance du 6 juin au 14 mai de l'année suivante, d'abord à Pontoise, ensuite à Paris.

Elle trouvait en somme la besogne presque toute faite. Elle s'attacha d'abord à continuer et compléter le travail des commissaires de l'édit (2). Elle obtint du roi une déclaration en cinquante-six articles, qui transformait les arrêts particuliers dont nous venons de parler en lois générales pour tout le royaume. Elle demande que l'on modifie certaines déclarations, en particulier celle du 24 avril 1665, qu'elle trouvait trop favorable aux protestants. Elle propose d'ajouter contre les relaps à la peine du bannissement celle de la confis-

---

(1) Texte de l'Édit, *Mémoires du Clergé*, t. I, p. 1471 sq.
(2) *Procès-verbaux*, t. IV, p. 899 sq.

cation de leurs biens. Cette mesure ne fut prise que plus tard, le 13 mars 1679, parce qu'alors les protestants abusaient vraiment de la conversion pour puiser à la caisse dite des convertis.

L'assemblée s'occupe aussi de quelques faits particuliers. A propos de l'affaire du sieur Le Grain, elle demande que les Grand'Chambres connaissent seules de tous les appels pour subornation, blasphèmes, etc.

Le 11 septembre, l'abbé des Fontaines donne lecture d'une lettre de M. Vialart, évêque de Châlons-sur-Marne (1). Le zélé et pieux prélat se plaignait de l'application continuelle de ceux de la R. P. R. à suborner et pervertir les pauvres catholiques de son diocèse par divers moyens et principalement par celui de la domesticité, en laquelle ils les engagent de demeurer en leurs maisons en qualité de valets, servantes, apprentis et compagnons de métier... » Il demandait à l'assemblée « d'obtenir du roi une déclaration portant défenses aux catholiques de renoncer à leur religion, ou de défendre aux catholiques sous peine d'excommunication de demeurer chez lesdits de la R. P. R. et à leurs parents de les y mettre, sous la même peine... »

On discuta assez longuement la question. La meilleure preuve que l'on allégua pour justifier cette mesure, c'est que ceux de la R. P. R. « faisaient de semblables défenses aux leurs de demeurer chez les catholiques, sous peine de censures ». L'on approuva fort le zèle et la conduite de Mgr de Châlons, et l'on ne « doutait nullement qu'en usant du remède des censures avec sa prudence et sa sagesse accoutumées, il ne pût agir ainsi ». La déclaration demandée par M. Vialart ne fut rendue que beaucoup plus tard, le 11 février 1685.

Mais le travail le plus important de l'assemblée de 1665 fut la rédaction d'un mémoire où, en vingt articles (2), la commission avait « recueilli et mis en ordre

---

(1) *Procès-verbaux*, t. IV, p. 912-913.

(2) Ce *Mémoire* avec les réponses faites à chaque article est aux *Pièces Just.* du t. IV, p. 186 sq. des *Procès-verbaux*.

les choses les plus importantes à la religion ». Ce mémoire ayant été agréé par l'assemblée, les commissaires, l'évêque d'Uzès étant leur chef, eurent plusieurs conférences avec le chancelier Séguier, pour en discuter et faire accepter les divers points.

Le chancelier, quoique bien disposé en faveur du clergé, ne laissa pas de faire beaucoup de difficultés et accorda fort peu de faveurs nouvelles. Le premier article portait qu'il ne fût pas permis aux catholiques de renoncer à leur religion pour professer la P. R. ; le chancelier déclara que l'affaire était de trop grande importance et que Sa Majesté se réservait d'examiner plus particulièrement cet article, pour y pourvoir, quand elle le jugera à propos. Un certain nombre d'articles furent renvoyés aux commissaires de l'édit. Ces Messieurs décidément prenaient une très grande importance : on leur donnait à juger entre autres choses de l'exercice du culte protestant dans les villes épiscopales, de la suppression des universités, collèges, etc., des prêches établis par les seigneurs haut-justiciers, des biens des consistoires, des temples bâtis trop près des églises, de la tenue des officiers de justice quand ils assistaient au prêche, etc.

Pour d'autres articles, le roi promit de donner en temps et lieu satisfaction au clergé, par exemple, pour la suppression des Chambres mi-parties, pour la restriction des pouvoirs des Chambres de l'édit, pour la présence d'un magistrat royal aux synodes protestants, etc.

Un article demandait « que les Français seuls pussent être ministres, régents et précepteurs des collèges », le roi l'accorda ; un autre que « le Roy retirât son domaine qui a été baillé par engagement à des gens de la R. P. R. ». Le roi répondit qu'il le ferait « aussitôt que le bien de ses affaires le permettrait ». Tout cela n'était pas en somme bien méchant jusqu'ici.

Entre 1665 et 1670, il y eut deux assemblées de prélats, mais les procès-verbaux n'en ont pas été conservés ; on sait d'ailleurs qu'elles ne s'occupèrent pas des protestants.

L'assemblée de 1670 dura du 25 mai au 20 novembre et se tint à Pontoise au couvent des Cordeliers.

Elle suivit à peu près la même marche que celle de 1665. Elle commença par enregistrer quelques plaintes, très peu d'ailleurs, car tout allait aux commissaires de l'édit ; puis elle nomma dans son sein une commission permanente des affaires religieuses, pour concentrer toute l'action contre les protestants.

Cette commission dans ses premières conclusions et l'assemblée dans les remontrances qu'elle fit au roi protestèrent tout d'abord contre la déclaration du 1er février 1669, dont il nous faut dire ici quelques mots. Nous avons vu que Louis XIV était fort bien disposé pour la religion catholique : il le disait, et en cela il était sincère. Le 21 janvier 1669 il avait supprimé dans tous les Parlements du royaume les Chambres de l'édit : ces Chambres, très légitimes et même nécessaires après les guerres de religion, étaient devenues la cause de beaucoup d'abus, et devaient être supprimées : personne ne protesta contre cette mesure.

Mais Colbert voulait sauvegarder ce qu'il croyait être les intérêts matériels du royaume ; pour assurer la prospérité publique, il aurait toléré jusqu'aux juifs qui tenaient alors le grand commerce. En 1663, il avait proposé au roi d'autoriser douze cents anabaptistes, la plupart pêcheurs de morue et de harengs, à s'établir à Dunkerque. Il voulait non pas supprimer, mais réglementer, si on peut s'exprimer ainsi, le protestantisme.

Il avait déjà fait promulguer par Louis XIV l'ordonnance civile ou code Louis (1667), et l'ordonnance des eaux et forêts (1669) ; l'ordonnance criminelle (1670). L'ordonnance de commerce allait suivre bientôt (1673), puis l'ordonnance de la marine (1681), et le code noir (1685). Dans sa pensée, une ordonnance semblable devait suffire à contenir le protestantisme et à contenter les catholiques : il fit donc publier le 1er février 1669 une déclaration en quarante-neuf articles « portant règlement des choses qui doivent être gardées et observées par ceux qui font profession de la R. P. R. ».

L'assemblée du clergé, « par la bouche de M. d'Usez »,

reprochait à cette déclaration (1) « de révoquer celle de 1666 avec tous les arrêts qu'on avait obtenus : quoique cette première déclaration eût été un ouvrage de justice et obtenue ensuite de plusieurs conférences qu'on eût dans la dernière assemblée avec le conseil de Sa Majesté... » ; et l'orateur montrait dans le détail en quoi était blessée ladite déclaration. Par exemple, d'après sa teneur, les cimetières tenus par les huguenots devaient être rendus aux catholiques, s'ils ont été usurpés, sans qu'on leur en rende d'autres, ce que l'article XXIII de la dernière déclaration a abrogé ; par la première de 1666, les greffiers des communautés, les horlogers préposés à la conduite de l'horloge publique et d'autres employés semblables devaient être catholiques ; cette condition avait été supprimée.

L'assemblée rédigea ensuite, comme avait déjà fait celle de 1665, un long mémoire en trente-quatre articles ; on fit de même en 1675 où un troisième mémoire en cinquante-huit articles énumérait toutes les mesures que le clergé demandait au roi contre les protestants (2).

Comme nous n'avons pas à faire ici l'histoire complète de la révocation de l'édit de Nantes, nous nous contenterons d'étudier ces deux derniers mémoires : ils nous serviront admirablement à définir les responsabilités du clergé d'une part, et aussi celles du gouvernement de Louis XIV dans cet acte si discuté ; mieux que tout autre document, ils nous diront, dans toute cette série de mesures qui ont si habilement préparé l'acte final, quelles sont celles que le clergé a réclamées et obtenues, lesquelles lui ont été refusées et lesquelles ont été prises en dehors de son intervention : c'est tout ce qui nous intéresse dans cette histoire des assemblées du clergé.

Dans son mémoire de 1665, l'assemblée s'était contentée d'énumérer à la suite les mesures qu'elle demandait ;

---

(1) *Procès-verbaux*, t. V, p. 52 sq.
(2) Voir ces deux mémoires, t. V, pièces justif., p. 5 sq. ; 134 sq.

mais dans les deux suivants, elle fait suivre chaque article d'une assez longue dissertation, pour justifier la mesure demandée. Or elle se réclame continuellement de l'édit de Nantes et des « particuliers » qui furent ajoutés au premier édit ; elle prétend bien ne rien demander de nouveau, et affecte de ne réclamer que l'observation de la loi existante.

Voyons maintenant ce que le clergé obtint de Louis XIV (1). Satisfaction lui fut donnée par la déclaration du 13 mars 1679, portant « la peine d'amende honorable et de confiscation de biens contre les relaps » ; par l'arrêt du 31 juillet 1679 défendant les presches les jours que les archevêques et évêques font leur visite pastorale dans l'endroit ; par la déclaration du 10 octobre 1679 que les actes d'abjuration seront remis au procureur du roy ; par une autre déclaration du même jour portant défense à ceux de la R. P. R. de tenir synode sans la permission du roy et sans l'assistance d'un commissaire royal ; par l'édit du mois de juin 1680 portant défense aux catholiques de quitter leur religion ; par l'édit du mois de novembre 1680 portant défense aux catholiques de contracter mariage avec ceux de la R. P. R. ; par l'arrêt du 18 novembre 1680 qui accorde à tous ceux de la R. P. R., qui ont fait ou feront ci-après abjuration de ladite religion, terme et délai de trois ans pour le payement du capital de leurs dettes ; par la déclaration du 19 novembre 1680 portant que les juges ordinaires iront chez ceux de la R. P. R. qui seront malades pour sçavoir s'ils veulent mourir en ladite religion ; par la déclaration du 17 juin 1681 portant que les enfans de la R. P. R. pourront se convertir à l'âge de sept ans (le clergé avait dit au-dessous de quatorze ans pour les mâles et de douze ans pour les filles) ; par la déclaration du 15 juin 1682 qui exclut ceux de la R. P. R. des offices de notaires, procureurs, huissiers et

---

(1) D'après le *Recueil des édits, déclarations et arrests du Conseil concernant les gens de la religion prétendue réformée*, 2ᵉ édition. Rouen, 1721.

sergens ; par l'arrêt du 13 juillet 1682 qui ordonne aux ministres et proposans de la R. P. R. de se retirer des lieux où l'exercice aura été interdit ; par le même arrêt qui défend aux seigneurs de laisser faire aucun exercice de leur religion dans leurs fiefs et seigneuries, s'ils n'y sont actuellement résidans ; par la déclaration du 30 août 1682 portant défense à ceux de la R. P. R. de s'assembler, si ce n'est dans leurs temples, et ce en présence des ministres ; par l'arrêt du 11 janvier 1683 portant défense à ceux de la R. P. R. de tenir écoles ailleurs que dans les endroits où se fait l'exercice de leur religion ; par la déclaration du 15 janvier 1683 pour réunir aux hôpitaux les biens légués aux pauvres de la R. P. R. ; par l'arrêt du 17 mai 1683 défendant aux ministres de faire leur demeure aux lieux où l'exercice de la R. P. R. est interdite ; par la déclaration du 17 juin 1683, portant que les enfans de ceux de la R. P. R. qui auront fait abjuration seront instruits en la religion catholique ; par la déclaration du 21 août 1684, d'après laquelle beaucoup de biens des consistoires doivent revenir aux hôpitaux ; par l'arrêt du 4 septembre 1684, concernant l'exercice de la R. P. R. dans les Hautes-Justices, pleins fiefs de Haubert ou simples fiefs ; par l'arrêt du 11 décembre 1684 portant défense à ceux de la R. P. R. de faire aucunes impositions sans la permission de Sa Majesté ; par la déclaration du 26 décembre 1684 portant défense de faire exercice public de la R. P. R. dans les lieux où il y aura moins de dix familles ; par l'arrêt du 8 janvier 1685 qui astreint les ministres à la taille ; par la déclaration du 9 juillet 1685 portant défense à ceux de la R. P. R. d'avoir des domestiques catholiques ; par l'arrêt du 9 juillet 1685 qui fait défense à tous libraires et imprimeurs faisant profession de la R. P. R. de faire à l'avenir aucunes fonctions de libraires et imprimeurs ; par l'arrêt du même jour défendant à ceux de la R. P. R. d'avoir des cimetières dans les villes, bourgs et lieux du royaume où il n'y aura plus d'exercice de ladite religion ; par la déclaration du 10 juillet 1685 portant défense aux juges, avocats et autres d'avoir des clercs de la R. P. R. ; par la déclaration du 12 juillet 1685 portant que les enfans dont les pères seront morts dans la R. P. R. et dont les mères seront catholiques seront élevés en la religion catholique avec défense de leur donner des tuteurs de la R. P. R. ; par la déclaration du 25 juillet 1685 portant que ceux de la R. P. R. ne pourront aller à l'exercice aux temples hors des bailliages où ils sont demeurans ; par l'arrêt du 30 juillet 1685 par lequel Sa Majesté interdit l'exercice de la R. P. R. dans toutes les villes épiscopales et ordonne que les temples qui y sont construits seront incessamment démolis ; par la déclaration du 14 août 1685 portant qu'il ne sera point donné de tuteurs de la R. P. R. aux enfans des pères et mère de ladite religion ; c'est à peu près tout ce que le clergé obtint.

D'autre part il demanda un certain nombre de mesures qui ne lui furent pas accordées ; il est à remarquer qu'elles sont presque toutes assez secondaires. Il demandait par exemple que défenses soient faites aux P. R. de faire l'exercice de leur religion dans les terres et domaines du roy ; qu'il soit enjoint à tous nobles, écuyers, etc. de la R. P. R. de remettre par devant les commissaires de Sa Majesté tous les titres, actes et documens par lesquels ils prétendaient prouver leurs qualités ; qu'il soit fait défenses à ceux de la R. P. R. de tenir logis, hôtelleries et cabarets ; que les sommes imposées sur les communautés protestantes pour l'entretien des ministres et autres impositions où on a fait contribuer les catholiques soient employées à la réparation des églises et autres usages publics...

Quant aux autres mesures que l'autorité royale a prises en dehors du clergé de France, nous les avons déjà énumérées ailleurs (1) et nous avons, à bon droit selon nous, fait remarquer qu'elles étaient nécessaires, si l'on voulait que la révocation de l'édit de Nantes ne fût pas qu'une vaine déclaration.

(1) *Les assemblées du Clergé sous l'ancien régime.*

Maintenant que nous avons vu en général quelle part revient au clergé de France dans ces cent trente-une déclarations, arrêts, édits qui ont été portés contre les protestants depuis 1669 jusqu'à la fin du siècle (quatre-vingt-trois avant la révocation de l'édit, quarante-huit après), il est temps d'interroger les assemblées de 1682 et de 1685 et de leur demander quelle était leur manière de voir au sujet des protestants.

Aux mois de mars et de mai 1681 il s'était tenu en l'archevêché de Paris une assemblée extraordinaire de prélats, qui s'occupa, comme on sait, de toute autre chose que des huguenots. Elle n'avait d'autre but que de préparer la fameuse assemblée générale de 1682.

Nous n'avons pas à écrire ici l'histoire de cette assemblée, l'une de celles qui ont fait le plus de bruit, sinon de bien. Dans ses *Recherches historiques sur l'assemblée du clergé de France en 1682* (1), M. Charles Gérin a réuni une foule de documents plus ou moins inédits, et comme il écrivait au moment du concile du Vatican, il a tiré de ces documents les conclusions les plus défavorables à l'assemblée de 1682 et à ses membres, mais malgré ce parti-pris de dénigrement, l'historien sans passion peut tirer grand profit de ces recherches historiques.

On connaît les décisions de l'assemblée au sujet de la Régale et du pouvoir du pape : après d'assez longues discussions, les députés avaient souscrit le 19 mars 1682 la fameuse déclaration des quatre articles. Le 20, un édit royal en prescrivait l'enseignement dans tout le royaume, le 23 l'édit était enregistré au Parlement. Le 11 avril, le pape adresse aux prélats le bref *Paternæ caritati*, par lequel il désapprouve et casse tout ce qui a été fait et arrêté par l'assemblée au sujet de la Régale. Le 6 mai l'assemblée rédige la fameuse protestation qui commence par ces mots *Ecclesia gallicana suis se regit legibus* (2), avec une lettre où elle fait

---

(1) Paris, Lecoffre.
(2) *Procès-verbaux*, t. V, p. 240, sq.

un éloge exagéré de Louis XIV. Le 9 mai, après que le président, M. de Harlay, eut communiqué officiellement le bref du pape à l'assemblée, les séances sont suspendues pour permettre aux commissaires de la Régale de préparer à loisir la réponse au pape : « La compagnie, dit le procès-verbal, imitera par cette conduite celle que Sa Sainteté a suivie, laquelle, ayant reçu la lettre de l'assemblée, la garda trois jours sans l'ouvrir et a employé trois mois pour y répondre. »

La séance suivante qui fut aussi la dernière ne se tint que le 23 juin, suivant les procès-verbaux, le 29, suivant les *Registres du secrétariat de la maison du Roy*. Quoi qu'il en soit, entre temps les commissions avaient beaucoup travaillé, en particulier celle de la R. P. R. qui seule nous occupe en ce moment.

On oublie trop en effet que cette assemblée de 1682, en même temps qu'elle se séparait, pour ainsi dire, de Rome par la déclaration des quatre articles, s'occupait activement de la conversion des protestants. C'est la première assemblée qui ne demande pas au roi de prendre des mesures de rigueur contre eux ; elle reste, comme nous dirions aujourd'hui, dans son domaine, et ne veut employer contre les hérétiques d'autres moyens de conversion que la douceur et la persuasion.

Ce fut la commission de la R. P. R. qui eut les honneurs de la séance du 23 juin (1). Le président la présenta « comme la moins douteuse, et la plus utile, et qui leur tenait le plus au cœur. C'est aussi celle qui a touché plus sensiblement le roi. Il faut, s'écrie-t-il, tandis que cet édifice (du calvinisme) est ébranlé par les édits de Sa Majesté, achever de le détruire, pour édifier sur ses ruines le temple de l'unité dont il a été tiré ». Puis il communique à l'assemblée le résultat du travail des commissaires : il y avait trois pièces fort importantes (2).

C'est tout d'abord une lettre circulaire *Universis per*

(1 *Procès-verbaux*, t. V, p. 552-553.

(2) Elles sont insérées in-extenso aux pièces justificatives, t. V, p. 266 sq.

Gallias episcopis. Cette lettre, rédigée par Maucroix, l'ami de La Fontaine et chanoine de Reims, est écrite en excellent latin, ce qui d'ailleurs était ordinaire au XVIIe siècle, et elle mérite d'être étudiée d'assez près.

Les députés du clergé rappellent en commençant que les Pères du premier concile d'Arles, après avoir réglé les choses pour lesquelles ils avaient été spécialement convoqués, s'appliquèrent ensuite à rétablir l'unité de la foi. Ils n'hésitent pas un instant à comparer l'assemblée du clergé au dit concile, et à déclarer qu'ils vont eux aussi travailler à ramener au bercail les brebis égarées dans le protestantisme. — Ils sont portés d'autant plus à désirer cette réunion, lorsqu'ils considèrent la sainte vie et les mœurs irréprochables du pape Innocent XI, qui ont tant de conformité avec les règles de l'ancienne et de la plus sévère discipline, et qui par conséquent doivent ramener les protestants. Il faut l'avouer, cet argument assez inattendu serait très persuasif et fort délicat, s'il n'y avait pas à côté les quatre articles et la Régale.

Les députés du clergé se disent aussi puissamment encouragés par les mérites de Louis le Grand envers l'Eglise. Il en est le fils aîné (de l'Eglise) plus encore par ses vertus que par le titre que lui en ont acquis ses prédécesseurs ; il montre tant de zèle pour ramener à la vraie foi ses sujets, sans verser leur sang, qu'ils se reprochent presque d'avoir manqué à leur devoir d'évêques. — Ils se sont donc tout d'une voix résolus à combattre l'hérésie : mais dans cette guerre qui se doit terminer par la paix de Jésus-Christ, il ne faut employer que les armes de la charité. » On voit que les députés n'ont qu'une confiance médiocre aux missions bottées, inaugurées par Marillac dans le Poitou et qui sévissaient alors dans le midi. « Il est vrai, disent-ils, que quelques-uns ont été heureusement contraints à se rendre par les saintes violences et par les salutaires rigueurs de la charité ; cependant ils croient tenir une conduite plus conforme à la charité pastorale s'ils usent d'avertissements paternels. Car enfin, bien que proscrits, chassés, déshérités, l'Eglise est encore leur mère.

Si leur repentance est sincère, elle est prête à les recevoir, dût-elle, en les recevant, souffrir quelque altération dans sa discipline. » La lettre circulaire prévoit et essaie de réfuter l'objection formidable que les protestants ne manqueront pas de tirer de l'état actuel des choses. « Il est bon qu'ils sachent premièrement que la querelle pendante entre les officiers du pape et nous ne regarde nullement les dogmes de la foi... mais simplement quelque point de discipline », ce qui en somme, à ne considérer que l'opinion publique, était assez vrai à cette époque. « En second lieu, il est certain qu'il peut y avoir quelquefois de très grandes disputes entre les Eglises, sans aucun péril pour la religion, pourvu qu'on y garde les règles de la bienséance et de la modération chrétienne. » Et voici une conséquence assez inattendue : « Donc, plus nous conservons de douceur et de charité en soutenant une cause aussi juste que la nôtre, plus nous avons droit de reprendre avec sévérité ceux qui vivent dans le schisme. » C'est par ce beau raisonnement que se termine la première lettre circulaire.

La deuxième, également en latin, est adressée par les archevêques, évêques et députés du clergé de France aux frères séparés, *fratribus secessionis calvinianæ*.

C'est un appel très éloquent et très émouvant, encore qu'un peu de rhétorique s'y soit mêlé : « Il y a longtemps, N. T. C. F., que toute l'Église de Jésus-Christ est pour vous dans les gémissements... vous qu'elle a tant aimés, car elle vous a portés dans ses flancs... elle ne saurait vous oublier, elle vous rappelle comme la perdrix ses petits... Nous, archevêques, évêques, ministres de Jésus-Christ, nous vous sommons de nous dire pourquoi vous vous êtes séparés de nous ? pourquoi vous avez si cruellement déchiré le corps du Christ ? Est-ce à cause du déréglement des mœurs de personnes de notre religion au temps de Calvin ? En admettant même que tous les scandales que vous rapportez soient réels et non exagérés, ce n'est pas une cause suffisante de schisme. L'Église ne saurait être responsable des fautes de quelques particuliers... Revenez donc à nous,

N. T. C. T., nous vous en conjurons par les entrailles de la Miséricorde que vous déchirez depuis si longtemps, par le sein de l'Eglise, votre mère, que vous avez quittée, par les sacrements de Jésus-Christ que vous avez méprisés, par les autels du Dieu vivant que vous avez renversés... »

Arrive nécessairement l'éloge de Louis XIV, « dont l'unique chagrin est de voir encore au nombre de ses sujets des ennemis de sa religion », l'éloge aussi du pape Innocent XI, « dont la vie toute réformée est une école vivante de toutes les vertus chrétiennes. Accueillez donc nos instantes prières... »

Ces prières, pour être plus efficaces sans doute, sont malheureusement accompagnées d'une sorte de menace, voilée cependant, mais visible : « Que si vous ne voulez ni vous laisser vaincre par nos prières, ni gagner par nos tendresses... sachez que les anges de paix en pleureront amèrement... la grâce de la paix, que nous vous aurons offerte avec tant de sincérité et de tendresse, retournera à nous... et parce que cette dernière erreur sera plus criminelle en vous que toutes les autres, vous devez vous attendre à des malheurs incomparablement plus épouvantables et plus funestes que tous ceux que vous ont attirés jusqu'à présent votre révolte et votre schisme... »

Nous trouverions aujourd'hui cette fin de lettre quelque peu dure ; les prélats de 1682 durent au contraire en la contresignant se croire très modérés et assez avisés. Quoi qu'il en soit, il est touchant de voir les évêques de France, à la veille de l'orage qui va fondre sur le calvinisme, lui donner cet avertissement solennel et charitable, et essayer, en le convertissant, de le soustraire à la persécution imminente.

Essayer de convertir les protestants, c'était bien, par la persuasion, mieux encore, en les instruisant, c'eût été parfait ; mais c'était chose plus difficile à réaliser qu'à proposer.

Il fallait pour cela secouer la nonchalance d'une partie du clergé catholique, et lui fournir des arguments tout faits, car il n'était pas suffisamment instruit lui-même. Le duc de Noailles, nommé cette même année, 1682, gouverneur du Languedoc, constate avec tristesse (1) que, « quoique l'église de France eût alors de savans théologiens, de grands évêques, de célèbres prédicateurs, des lumières enfin et des mœurs vraiment respectables, les mêmes causes qui avaient favorisé le progrès des nouvelles sectes subsistaient encore ». Il se plaint amèrement dans ses lettres de la conduite des évêques et des prêtres qui négligeaient entièrement les moyens de conversion. Dans les Cévennes surtout, ce foyer de l'hérésie, la paresse du clergé méritait les plus grands reproches ; « une cathédrale, des collégiales, des cures, plusieurs communautés fournissaient à peine aux catholiques un sermon par mois, tandis que les calvinistes du même lieu en avaient un par jour, sans avoir plus de deux ou trois ministres. »

D'autre part l'intendant Foucauld écrivait en août 1681 que les ministres n'attendaient pour se convertir que des conférences où seraient débattus les points controversés. Il importait donc d'exciter le zèle des prédicateurs et de leur indiquer des méthodes faciles à employer contre les protestants.

De là le *mémoire* « concernant les différentes méthodes dont on peut se servir très utilement pour la conversion de ceux qui font profession de la R. P. R. ». Il fut présenté à l'assemblée par la commission, et accepté « afin que, comme le déclara le président avec beaucoup de tact et de politesse, afin que tout ce qu'il y a d'évêques que nous ne prétendons pourtant pas instruire, et tout ce qu'il y a aussi de docteurs puissent plus facilement rappeler les idées des choses qu'ils savent déjà et qui sont répandues dans les livres ».

Ces méthodes étaient au nombre de seize ; ce sont autant d'arguments à faire valoir auprès des calvinistes. Ils ne sont d'ailleurs qu'indiqués assez brièvement ; c'était aux controversistes à les développer et à

---

(1) *Mémoires politiques et militaires*, 1683, p. 11 de l'édition Michaud.

les faire valoir. Nous ne les étudierons point en détail, car cette étude, d'ailleurs intéressante, appartient à l'histoire de la controverse.

Il suffit de dire qu'elles tendent toutes à ramener la discussion à deux points principaux : le principe d'autorité et l'unité dans l'Eglise. A cette époque, en effet, la controverse, après s'être égarée en mille questions accessoires, s'était ramassée, pour ainsi dire, autour de ces deux questions essentielles ; et Bossuet, avec l'autorité de son génie, les mettait en pleine lumière et triomphait à tout jamais du calvinisme dogmatique.

D'ailleurs les députés du clergé ne craignaient pas de se réclamer de Bossuet, puisque « la Xe méthode est celle de M. l'évêque de Meaux, ci-devant évêque de Coudom, dans son livre intitulé : *Expositions de la doctrine de l'Eglise Catholique*... Et la XVIe déclare que l'on peut combattre solidement les novateurs par la contradiction de leurs dogmes de foi, en montrant les changemens qu'ils ont faits à la confession d'Ausbourg, etc. ». C'est l'argument que Bossuet développera magistralement quelques années plus tard dans son immortelle *Histoire des Variations*.

Le mémoire indique aussi la méthode qui « consiste à faire voir la conformité de l'Eglise romaine avec l'Eglise grecque sur les principaux articles de foi contestés ». C'est ce qui avait déjà été développé par le P. de Paris dans sa *Créance de l'Eglise Grecque*, 1672 ; par Nicole et Renaudot dans le quatrième volume de la *Perpétuité de la Foy* (1). A ce propos, le président, M. de Harlay, recommanda « un savant abbé qui avait travaillé fort doctement sur ce sujet, qui était M. Renaudot, et que Mgrs les commissaires pouvaient, s'ils jugeaient à propos, examiner son livre ».

Les lettres circulaires et le mémoire pouvaient causer au calvinisme un trop notable dommage : il fallait y répondre. Ce fut le ministre Claude qui entreprit de le faire dans ses *Considérations sur les Lettres circulaires*

---

(1) Cf. *Entre Cousins-germains*, par I. Bourlon, ch. III.

de l'assemblée du clergé de France de l'année 1682. Comme bien l'on pense, à propos de ces actes du clergé, le ministre parle de tout et se fait l'écho de toutes les plaintes des protestants. C'est ce que remarque tout d'abord Nicole, qui le réfuta dans ses *Prétendus Réformez convaincus de Schisme* (1) : « Mon dessein, dit-il, n'est pas de m'arrêter à une infinité de choses inutiles que l'on a mêlées à ces disputes ; ni même à tous les points qui pouvant être traitez avec quelque utilité doivent néanmoins être renvoyez après l'examen du fond... C'est aussi la veüe dont il paraît que le clergé de France a été occupé. Il ne manquait pas de plaintes à faire contre la société des P. R., et tant de libelles par lesquels ils ont tâché de le décrier dans toute l'Europe ne lui en fournissaient que trop de matière ; mais il a cru devoir mettre à part tout cela pour ne s'attacher qu'à l'essentiel. Il les accuse d'avoir violé l'unité de l'Église par le schisme, et d'avoir corrompu sa foi par l'hérésie... Il semble donc que toutes sortes de raisons obligeaient l'auteur des *Considérations* à imiter ce procédé, et à se renfermer dans les mêmes bornes. Cependant il a fait tout le contraire. Il a tâché d'entasser dans un fort petit écrit tout ce qu'il a pu de plaintes et de reproches.

« Les déclamations sur les prétendues violences du Poictou y ont trouvé place. Les déclarations du roy y ont été traitées avec les mêmes outrages que dans les autres libelles... Et s'il fait mine enfin de venir à la question du schisme, il y mêle cent choses inutiles pour embarrasser la dispute... Messieurs de la R. P. R. me permettront sans doute de ne me servir de cet exemple que pour l'éviter. » Et de fait Nicole laisse de côté toutes ces questions secondaires, pour s'attacher à démontrer à travers quarante-sept longs chapitres que « selon l'extérieur la société des P. R. ressemble fort à

---

(1) *Les prétendus Réformez convaincus de Schisme*, pour servir de réponse à un écrit intitulé : *Considérations sur les Lettres circulaires de l'assemblée du clergé de France de l'année 1682.* P. 3 sq.

une société schismatique ». C'est la discussion théologique sérieuse, trop sérieuse même.

Les trois documents dont nous venons de parler furent approuvés solennellement et signés par les membres de l'assemblée le 1er juillet 1682. La lettre aux protestants fut signifiée aux consistoires par l'autorité du roi. Les évêques publièrent le tout dans leurs diocèses respectifs en y ajoutant généralement quelques réflexions et exhortations spéciales dans des lettres pastorales, dont quelques-unes sont fort éloquentes.

A la demande de l'assemblée, le roi écrivit le 10 juillet aux archevêques et évêques une lettre dans laquelle, tout en excitant leur zèle, il leur recommandait « sur toutes choses de ménager avec douceur les esprits de ceux de la dite religion, et de ne se servir que de la force des raisons pour les ramener à la connaissance de la vérité... »

Louis XIV était évidemment gagné par l'assemblée aux moyens de douceur, et sa lettre était tout à fait conforme à ces belles paroles qui terminaient le *Mémoire* : « A ces méthodes il faut ajouter les conférences particulières, les écrits solides, les sermons et les missions, et employer tous ces moyens dans un esprit de charité, sans aigreur et surtout sans injures... »

Selon le vœu du clergé, missionnaires et controversistes furent dès lors encouragés de façon efficace par le gouvernement du roi ; tous se piquaient au jeu à qui fournirait aux ministres et aux principaux religionnaires le prétexte honorable qu'ils attendaient, selon l'intendant Foucauld, pour rentrer au giron de l'Eglise.

Louis XIV essaya donc, sur l'avis du clergé, de la modération et de la douceur ; malheureusement cet essai échoua, mais grâce au mauvais vouloir des protestants, qui prirent cette douceur pour de la faiblesse et de la peur (1). Ils se rassemblèrent en attroupements

---

(1) *Mémoires politiques et militaires de Noailles*, 1683, p. 13.

séditieux dans tout le midi. Dans une assemblée tenue à Chalençon en juillet 1683, ils résolurent de rouvrir par la force les temples interdits ; ils organisèrent partout des milices destinées à tenir tête aux troupes du roi.

Louis XIV fut obligé de changer de tactique et d'obtenir par la force ce qu'il ne pouvait obtenir par la douceur. On sait le reste. Du moins l'assemblée de 1682 eut la gloire d'inspirer à Louis XIV, dans sa grande entreprise, la pensée de faire un essai loyal, qui mit beaucoup de torts du côté des protestants.

L'assemblée suivante se tint du 25 mai 1685 au 23 juillet suivant, quelques mois par conséquent avant la révocation de l'édit de Nantes.

Nous avons déjà vu que, comme le gouvernement de Louis XIV, le clergé avait dû revenir aux moyens de coercition, et nous avons dit ceux qu'il proposa.

L'indignation d'ailleurs était grande contre les calvinistes ; ils avaient fort mal accueilli la lettre circulaire de 1682 ; ils avaient redoublé d'injures et de blasphèmes contre la religion catholique (1). Voilà pourquoi parmi les actes de l'assemblée de 1685 nous trouvons (2) une « Requête présentée au roy contre les calomnies de ceux de la R. P. R. dressée par Monseigneur l'archevêque de Paris ». Une commission avait en effet été chargée spécialement « de rechercher et de ramasser les calomnies, les impostures et les injures que les P. R. avaient inventées contre la religion catholique ».

C'est au nom de cette commission que l'archevêque de Paris s'adressait au roi. Il rappelle que l'avertissement pastoral de la dernière assemblée n'a pas produit tous ses fruits ; sans doute « un nombre presque infini » d'hérétiques se sont convertis, mais « la voix des évêques et des pasteurs de l'Eglise catholique n'a pu parvenir jusqu'au commun peuple de la R. P. R. Les ministres ou l'ont détourné de lire cet avertissement

---

(1) *Mémoires politiques et militaires de Noailles*, 1683, p. 11. sq.
(2) *Procès-Verbaux*, t. V, p. 581 sq.

pastoral, ou lui ont donné, comme à l'Ecriture, de fausses interprétations... La très humble prière que le clergé fait à Votre Majesté n'est pas pour la révocation d'aucun édit... ; il n'y en a point et il ne peut y en avoir aucun qui permette aux P. R. de dire des injures à l'Eglise catholique. »

L'archevêque présente alors au roi le mémoire où toutes ces injures et calomnies sont réunies. Ce document est assez curieux (1) : il est relativement long, car il comporte plus de treize pages in-folio. Chaque page est partagée en trois colonnes : dans la première est le texte du concile de Trente ; dans la deuxième la traduction en français, et dans la troisième « les calomnies, injures et faussetés répandues dans les ouvrages des P. R. » contre la vérité correspondante. De nombreux renvois indiquent les ouvrages protestants d'où la calomnie est tirée.

Ce travail suppose une lecture immense et une connaissance approfondie de la théologie protestante au sujet de l'Ecriture Sainte et de la Tradition, des sacrements, de la justification, de l'adoration de Jésus-Christ dans l'Eucharistie, des satisfactions, du purgatoire, des indulgences, de l'invocation des saints, de l'Eglise romaine..., autant de chapitres qui sont étudiés successivement.

Ce mémoire constitue le réquisitoire le plus formidable contre le calvinisme français ; l'on conçoit que tant de mauvaise foi évidente, tant de calomnies inventées à plaisir aient exaspéré des hommes aussi religieux que ceux du xviie siècle.

La réponse du roi ne se fit pas attendre (2) : ce fut un édit défendant « aux ministres et à toutes personnes de la R. P. R. de prêcher, de composer aucuns livres contre la foy et la doctrine de l'Eglise. » Les considérants, sinon la sanction, étaient très durs pour le calvinisme.

---

(1) Le mémoire, la requête et l'édit se trouvent aux *Procès-verbaux*, t. V, pièces just., p. 281-300.
(2) *Procès-verbaux*, t. V, p. 598.

Deux mois plus tard l'édit de Nantes était révoqué, au grand applaudissement, on ne saurait trop le redire, de l'immense majorité et de l'élite du peuple français. L'assemblée du clergé n'eut pas à apprécier officiellement cette mesure : car elle ne tenait plus séance. Gaillardin (1) prétend que l'assemblée du clergé, dans un discours attribué à Racine et prononcé par le coadjuteur de Rouen, remercia le roi « d'avoir accru le troupeau de chaque évêque et fait à chaque pasteur une obligation de redoubler de zèle » ; il renvoie aux *Œuvres diverses* de Racine, tome IV. Nous n'avons trouvé trace de cette démarche aux procès-verbaux ni de la petite assemblée de 1688, ni de l'assembée générale de 1690.

(1) Gaillardin, *Histoire du règne de Louis XIV*, t. V, p. 109.

CHAPITRE V

De la Révocation de l'Edit à la Révolution.

Après la révocation de l'édit de Nantes les assemblées du clergé cessèrent pendant assez longtemps de s'occuper des protestants ; elles avaient en somme obtenu plus qu'elles n'avaient demandé et le parti très affaibli n'était plus guère dangereux.

Sans doute la conduite à tenir envers les protestants, convertis ou non convertis, préoccupait encore beaucoup les évêques de France : on connaît les discussions assez vives et la longue correspondance de Bossuet, qui penchait pour la douceur et la persuasion, avec plusieurs évêques du midi qui voulaient forcer les soi-disant convertis à assister à la messe et à participer aux sacrements.

Mais les assemblées du clergé ne furent consultées, ni quand, en 1698, Louis XIV crut pouvoir, sans doute sur les conseils de Bossuet, adoucir plusieurs dispositions de l'édit d'octobre 1685, ni quand la guerre civile fut déchaînée de nouveau dans les Cévennes, au commencement du xviiie siècle. Elles étaient surtout occupées à cette époque par la question du jansénisme, comme elles le seront plus tard par l'irréligion croissante.

Cependant l'affaiblissement de la foi et aussi l'inattention du public permettaient aux protestants de se remettre du terrible coup qu'ils avaient reçu ; peu à peu ils commencèrent à se compter, à se grouper, à reprendre en secret l'exercice de leur culte, en un mot, à violer les édits.

Le clergé dut reprendre envers eux le rôle qu'il avait rempli sous Louis XIV ; il recommença à surveiller leurs agissements, à avertir le gouvernement du danger que courait de nouveau la religion catholique ; mais ce rôle, il faut le dire de suite, fut beaucoup moins actif et beaucoup moins efficace qu'au xviie siècle. Il n'y avait d'ailleurs à signaler que des faits secondaires et à proposer que des mesures simplement préventives.

La première assemblée qui parla de nouveau des protestants fut celle de 1723, et encore le fit-elle très incidemment (1) : dans l'article 17 du cahier de la juridiction, elle suppliait « Sa Majesté de donner des ordres pour arrêter les entreprises des protestants et faire exécuter contre eux les édits et déclarations ». Le roi Louis XV, qui avait été déclaré majeur le 22 février précédent, promit « de faire expédier de nouveaux ordres tant aux procureurs généraux qu'aux gouverneurs, commandants et intendants des provinces ».

Mais l'année suivante Louis XV, ou plutôt le duc de Bourbon, son ministre, fit beaucoup plus. Le 14 mai 1724, fut donnée une déclaration en dix-huit articles (2) : elle allait beaucoup plus loin que le demandait le clergé. Elle renouvelait et précisait les principaux points de la législation de Louis XIV contre les protestants « au sujet des assemblées illicites, de l'éducation des enfans, de l'obligation pour tous ceux qui exercent quelques fonctions publiques de professer la religion catholique, des peines ordonnées contre les relaps et de la célébration des mariages ».

---

(1) *Procès-verbaux*, table, p. 1813.
(2) Voir le texte de cette déclaration, *Mémoires du Clergé*, t. I, p. 2111 sq.

Cette déclaration, d'ailleurs, était beaucoup trop sévère ; elle prodiguait comme à plaisir les menaces de peine de mort ou de galères. Elle fut beaucoup plus nuisible qu'utile à la religion catholique ; la sanction étant exagérée, la loi ne fut guère observée. Le clergé protestait, puisqu'aussi bien il le fallait ; c'était sa fonction ; mais ses réclamations, quelque justes et pressantes qu'elles fussent, ne pouvaient guère obtenir le résultat qu'elles demandaient : personne au xviiie siècle n'osait appliquer une pénalité aussi féroce.

C'est dans la seconde moitié du siècle surtout que les remontrances du clergé prennent une certaine importance : elles sont rédigées sous forme de *Mémoires* et c'est ainsi que désormais elles sont portées à la connaissance du roi.

Ainsi en 1745, l'évêque de Saint-Pons, M. de Guénet, donne lecture à l'assemblée d'un long rapport dans lequel il expose les entreprises des religionnaires dans le Languedoc (1). Les députés ayant fait observer que les mêmes plaintes étaient malheureusement vraies pour les autres provinces, en particulier pour la Guyenne, la Saintonge, le Dauphiné, le Poitou, le travail du prélat est accepté par l'assemblée, transformé en mémoire et comme tel présenté au roi.

Nous allons en donner ici le résumé, car il ne manque pas d'un certain intérêt historique, et puis ceux qui suivront ne feront guère que le répéter, souvent dans les mêmes termes.

Donc, le bon évêque de Saint-Pons constate d'abord que « les entreprises des religionnaires sont venues aujourd'hui à un point qu'elles ne peuvent plus être dissimulées, et qu'il est d'une nécessité indispensable d'en arrêter le cours... » Puis il énumère les principaux points qui peuvent faire l'objet des plaintes :

Les assemblées : « Depuis la cessation de l'exercice public de la R. P. R., on n'avait vu d'assemblées de gens de cette religion que dans des bois, dans des lieux déserts et écartés des grands chemins ; ils avaient

---

(1) *Procès-verbaux*, t. VII, p. 2016 sq.

soin de laisser des espions de poste en poste, pour être avertis et se dissiper, en cas qu'on vînt à les découvrir ; elles n'étaient composées que des gens du menu peuple, qui par différents chemins, pour ne pas faire foule, se rendaient au lieu destiné ; ils s'en retournaient de même et communément la nuit. Depuis la fin de 1742, ces assemblées sont devenues de jour en jour plus nombreuses et plus fréquentes. Aux gens du peuple se joignirent bientôt ceux d'un étage supérieur... Ces assemblées se font en plein jour, tous les dimanches, et quelquefois même plus souvent. On y va en foule, sans en faire de mystère, et aussi ouvertement qu'on irait à l'église... Elles s'approchent tous les jours de plus près des villes... ; on commence même à s'assembler dans des maisons particulières, et s'il reste quelques bâtiments qui aient autrefois servi de temples, ils sont choisis par préférence. »

Les mariages ; nous en parlerons plus loin dans un chapitre spécial.

Les baptêmes : « Les enfants des religionnaires étaient ci-devant portés sans difficulté à l'église, pour y recevoir le baptême ;... mais depuis 1743, l'usage de les faire baptiser par les ministres s'est établi et a tellement prévalu qu'ils ne le sont plus autrement... Aujourd'hui on porte publiquement les enfants au ministre, et on les rapporte à leurs maisons, ornés de rubans et de fleurs, suivis d'un cortège nombreux. On affecte de passer dans les rues et dans les places les plus fréquentées, et toujours avec un air de triomphe, qui insulte aux catholiques... Dans les familles mi-parties, il est arrivé assez souvent qu'on a enlevé, par violence et malgré la résistance de la mère catholique, l'enfant qui venait de naître, pour le porter au prédicant et le faire baptiser... A l'égard des adultes baptisés à l'église, on leur fait faire, avant que de les admettre à la Cène, une prétendue rectification de leur baptême qui consiste à renoncer à l'Eglise romaine... »

Les enterrements : « On enterre hors de l'église les enfants même qui ont été baptisés. L'usage était ci-devant de les porter en terre sainte, et à l'égard des grandes personnes de ne les point mettre en terre sainte sans que les curés en fussent informés... Les ministres délivrent à la vérité des certificats de baptêmes et de mariages, on les produit avec confiance, et on les donne aux curés ; mais quelle foi pourraient faire des actes faits par des gens inconnus et sans aveu ? »

Les maîtres d'école : « Une de leurs plus récentes entreprises a été d'établir des maîtres d'école et de catéchisme de leur religion, sous le nom de maîtres d'arithmétique et de plain-chant. Ces prétendus maîtres se montrent publiquement, ils enseignent dans les villes et dans les campagnes le chant des Pseaumes de Bèze et de Marot, et la doctrine de Calvin.. Les maîtres catholiques, établis par l'autorité des évêques, sont abandonnés et inquiétés de toutes les façons, surtout dans les endroits où les religionnaires dominent... »

Les livres : « Les livres à l'usage de la secte se répandent plus que jamais ; ce n'est plus sourdement et en cachette, c'est aux assemblées qu'on les distribue... »

Synodes et police ecclésiastique : « Il était important pour la religion et pour l'Etat que les religionnaires qui sont dans les différentes provinces du royaume n'eussent point de correspondance entre eux, qu'ils ignorassent leur force et leur nombre... Il était important qu'ils ne fissent point dans l'Etat un parti qui eût des lois et intérêts particuliers... Ils ont établi un commerce avec leurs frères, même les plus éloignés... Le synode national, tenu au mois d'août de cette année 1744, sur les confins du diocèse d'Usez, du côté de Sommière, est une preuve de cette correspondance : il y avait des députés du Poitou, de Guienne, du Dauphiné, de Normandie, etc. Les actes de ce synode sont publics... Outre cette direction générale qui regarde le corps entier de la secte, il y a des consistoires établis, dont les anciens sont préposés dans les communautés, pour veiller à la conservation de leur religion... Voilà donc l'exercice de la religion prétendue réformée rétabli par le fait, et devenu public par parties : il ne leur manque plus que des temples ; Dieu veuille qu'ils n'entreprennent pas d'en bâtir : on a déjà vu en plusieurs endroits des gens travailler à enlever les ruines de leurs anciens temples, en nettoyer la place et la mettre en état d'y bâtir. C'est ce que l'on vit l'année dernière à un quart de lieue d'Usez... Tout récemment à Bédarieux, les religionnaires avaient élevé dans un quarré long, propre à contenir mille ou douze cents personnes, un mur de pierre sèche, avec des sièges de pierre à l'entour, pour y tenir leurs assemblées... Nous perdons, en moins de deux ans, les soins et les peines qu'on a pris, pendant cinquante ans, pour ramener ces pauvres aveugles : nous nous voyons revenus quasi au même état où nous étions avant la révocation de l'édit de Nantes. »

Instruction des fiancés, des enfants : « On se marie aux assemblées ; on y mène les plus petits enfants, qui y reçoivent des impressions toujours très vives dans un âge tendre... ; il s'élève une génération de protestants plus opiniâtres et plus entêtés que leurs pères... »

Apostats et relaps : « Nous serions encore heureux si les choses restaient en l'état et ne se détérioraient pas ; la religion fait aujourd'hui des pertes considérables... Les catholiques, avant toutes ces entreprises, regardaient le calvinisme en France comme tombé dans l'avilissement et l'oubli... Mais ces attroupements faits en pleine campagne et en plein jour, le chant des pseaumes qui retentit partout, l'air de fanatisme qui règne dans les discours des ministres.. tout cela est devenu, pour des esprits légers et imprudents, autant d'occasions de chute. La séduction devient encore plus forte, lorsqu'il s'y mêle des raisons d'intérêt ou de crainte. Dans beaucoup de paroisses, les catholiques pauvres dépendent des religionnaires, soit pour le travail, soit pour les dettes qu'ils ont contractées... Le libertinage achève de gâter tout. On embrasse volontiers une religion aussi commode, dès qu'on croit pouvoir le faire impunément... La religion catholique ne saurait faire ces pertes sans que le repos de l'État y soit intéressé. Si ce parti continue à se multiplier et à se fortifier, que ne doit-on pas en craindre ?... L'esprit d'indépendance et l'amour d'une liberté ennemie de toute autorité ont toujours animé cette secte ; ils ne seront bons sujets qu'autant que la crainte les contiendra ; leurs espérances se relèvent toutes les fois que les puissances protestantes sont en guerre avec la France... »

Les prédicants : « Leurs prédicants ont grand soin de les entretenir dans ces idées..., la plupart sont des gens sans choix, sans discipline : plusieurs sont étrangers, et par là-même suspects... Et si un séditieux, un boute-feu, un fanatique s'avise de prêcher dans les assemblées, qui peut répondre des suites qu'auront ses discours ? On voit déjà un éloignement marqué des huguenots pour les catholiques, et une animosité toujours prête à s'allumer sur la religion, et qui influe même dans le commerce de la vie le plus indifférent... »

Le mémoire fut présenté au roi le 25 avril par l'archevêque de Tours, de Chapt de Rastignac, lequel rendit compte de sa mission en ces termes : «... Le roi m'a écouté avec bonté et une attention toute particulière : j'ai remarqué toute l'impression que faisait sur son esprit le détail affligeant dans lequel je suis entré. Sa Majesté m'a fait l'honneur de me dire que je pouvais assurer le clergé de la continuation de son zèle pour le maintien de la foi, la défense de l'Eglise, l'extirpation de l'erreur ; qu'elle connaissait toute l'étendue des maux sur lesquels portaient nos plaintes, et qu'elle y apporterait avec soin les remèdes les plus propres et les plus convenables... Ainsi, Messeigneurs, si nos vœux ne sont pas exaucés dans toute leur étendue, ils le seront au moins autant qu'ils peuvent l'être. »

Telle sera jusqu'à la Révolution la réponse à peu près invariable de la royauté : mais jamais les actes ne suivront de façon efficace les promesses.

En 1750 le bureau de juridiction transforme aussi en mémoire un rapport de l'archevêque d'Albi (1). Le

---

(1) *Procès-verbaux*, t. VIII, p. 339 sq.

président de l'assemblée le porte lui-même au roi; et celui-ci, paraît-il, donne des ordres les plus précis pour faire exécuter la déclaration de 1724, rendue à ce sujet.

En 1758, sur les plaintes de plusieurs provinces, l'assemblée envoie quatre députés au comte de Saint-Florentin (1) : le ministre répond « qu'il n'est pas besoin de solliciter Sa Majesté sur cet objet; qu'elle y donne toute son attention; qu'ayant appris que les protestants avaient jeté les fondemens d'un temple, elle avait aussitôt donné des ordres pour arrêter leur entreprise ». Il est clair que le ministre voulait éconduire aussi poliment que possible MM. du clergé : il trouvait, non sans raison, que la guerre contre l'Angleterre et contre la Prusse créait en ce moment assez de soucis au gouvernement français.

Les quatre députés du clergé font une seconde démarche, cette fois auprès de M. le chancelier : ils demandent « qu'aucun magistrat ou notaire ne soit reçu en charge ou office, sans certificat de catholicité de l'évêque diocésain, car l'assemblée avait remarqué qu'un des plus grands maux venait de ce qu'une grande partie des protestants possédaient des charges de magistrature... » MM. du Clergé ne semblent pas avoir été plus heureux dans cette seconde démarche.

En 1762, la question fut de même évitée par le gouvernement (2). L'assemblée avait décidé qu'il serait fait un mémoire spécial au sujet des entreprises des protestants. Mais le 23 juin, Mgr l'archevêque de Narbonne, M. de la Roche-Aymon, dit que « le roi avait déjà prévenu les vœux de la compagnie à l'égard de l'affaire des religionnaires; que Sa Majesté avait d'elle-même donné les ordres les plus précis (encore!) pour arrêter leurs entreprises, et même pour faire démolir les temples qu'ils avaient élevés; que l'assemblée devait donc substituer des remerciments aux

---

(1) *Procès-verbaux*, t. VIII, p. 656-657.
(2) *Procès-verbaux*, t. VIII, p. 1048, 1052.

remontrances qu'elle avait délibéré de faire à ce sujet ». La compagnie fut du même avis que Mgr le président et le pria « de témoigner au roi la respectueuse reconnaissance dont le clergé de France était pénétré à la vue de cette nouvelle marque du zèle de Sa Majesté pour la conservation de la religion catholique et pour l'extirpation de l'hérésie ».

L'assemblée de 1765, pourtant si occupée, comme nous l'avons dit ailleurs (1), par sa lutte contre le Parlement janséniste, rédigea et présenta au roi un mémoire d'une éloquence un peu emphatique contre les protestants (2). Après avoir rappelé rapidement leurs entreprises, qui étaient en somme les mêmes qu'en 1745, l'assemblée déclare formellement « que si la loi qui a révoqué l'édit de Nantes, si la déclaration de 1724 avaient été exactement observées, il n'y aurait plus de calvinistes en France ».

A cela elle trouve « une infinité de causes : l'esprit de parti, d'incrédulité, tout s'est réuni pour favoriser une tolérance funeste, réprouvée par nos lois, et pour rendre inutiles nos travaux pour la conversion des protestants : les mauvais livres, les faux systèmes sont venus à l'appui d'une négligence marquée pour l'exécution des ordonnances : des scandales inouïs, des insultes publiques faites au plus auguste de nos sacremens par divers tribunaux, ont pu jeter des nuages sur les vérités saintes, dont la possession nous distingue des hérétiques... » Elle insiste beaucoup sur cette liaison intime du protestantisme avec l'irréligion et les excès du jansénisme.

Elle félicite le roi « d'avoir constamment rejeté les différents systèmes de tolérance, exposés dans une foule d'écrits répandus dans le public ».

Le mémoire, outre l'intérêt de la religion, fait valoir aussi le bien de l'Etat et le salut de la monarchie : il y a là comme un soupçon de la Révolution qui approche : « Le mal chaque jour empire. Si vous n'employez votre

---

(1) *Les assemblées du Clergé et le Jansénisme.* Bloud. 1908.
(2) *Procès-verbaux*, t. VIII, p. 1405 ; le mémoire est aux pièces justif., p. 459 sq.

autorité pour arrêter les entreprises de l'hérésie, les progrès de l'impiété, les excès d'un parti méprisé, et cependant protégé, il ne serait peut-être plus temps d'y remédier efficacement, sans recourir à des voies de rigueur, qui, pour être légitimes et forcées, n'en coûteraient pas moins à la bonté de votre cœur. Eh ! que pourrait la fidélité inviolable de votre peuple catholique contre tant d'ennemis, si Votre Majesté n'emploie aujourd'hui sa puissance pour les affaiblir et les réprimer ? »

C'est d'ailleurs une sorte de contrat passé entre la royauté et le clergé : « Notre zèle doit s'étendre aussi loin que les besoins de l'Eglise dont le gouvernement nous est confié. Vous en êtes, Sire, le défenseur, puisque nous éprouvons que votre bonté, image de celle de Dieu même, ne se lasse jamais de nous écouter ; nous espérons que votre justice ne cessera jamais de nous protéger... Aux efforts de notre zèle vous joindrez, Sire, l'exercice de votre puissance, pour accréditer nos travaux. Le bien de l'Etat, toujours inséparable de celui de la religion, résultera d'un si heureux concert... »

A toute cette éloquence le roi répondit : « ... Je me ferai représenter la déclaration de 1724, au sujet des protestants ; j'en examinerai les dispositions, et quelle peut être la cause des infractions qui font l'objet des plaintes du clergé ; je regarde cette affaire comme une des plus importantes pour la tranquillité de mon royaume. » Et ce fut tout.

Un édit du mois de mai 1765 avait laissé aux habitants des villes la nomination de leur municipalité et des notables. Or, un certain nombre de villes, La Rochelle et Saint-Quentin en particulier (1), avaient profité de cette liberté pour élire des protestants, manifestement connus comme tels. L'assemblée juge « que cette entreprise est absolument contraire aux lois du royaume, et spécialement aux déclarations de 1698 et de 1724 ». Elle voit les « grands inconvénients qui pourraient ré-

(1) *Procès-verbaux*, t. VIII, p. 1437-1138.

sulter de l'éligibilité des protestants, surtout dans les villes où ils sont malheureusement en grand nombre... » L'archevêque de Reims, de la Roche-Aymon, au nom de l'assemblée, rend compte au roi de cette affaire, et le supplie de vouloir bien « donner des ordres qui puissent arrêter dans son principe un abus qui, s'il était toléré, pourrait avoir de très fâcheuses conséquences pour la religion ». Ces ordres ne furent jamais donnés.

Le 30 août 1770, l'évêque de Meaux fit un discours à l'assemblée pour éveiller son attention sur la question protestante (1). Il avait consigné les principales idées de ce discours dans un mémoire dont il donna lecture. L'assemblée approuve le tout et fait porter le mémoire au roi par l'archevêque de Reims. Il attaque surtout les assemblées tenues par les calvinistes et s'attache à en démontrer l'illégalité : « Une des maximes les plus essentielles pour la tranquillité publique, et en même temps une des plus conformes aux principes du gouvernement monarchique, est qu'aucune assemblée ne puisse avoir lieu sans l'attache du souverain... Les protestants semblent la méconnaître, puisqu'ils profitent de toutes les occasions qu'ils croient favorables pour se soustraire à cette obligation... »

En 1772 (2), l'assemblée réunit en un seul mémoire « ses plaintes au sujet des mauvais livres et au sujet des protestants. Les mauvais livres produisent cette effervescence générale des esprits et cette affligeante révolution qui s'achève tous les jours dans les mœurs publiques ». Les protestants multiplient toujours leurs assemblées illicites. Le roi répond simplement : « Je renouvellerai mes ordres pour contenir les calvinistes et pour remédier aux excès dont se plaint l'assemblée. »

En 1775, ce fut à Louis XVI que l'assemblée présenta son Mémoire (3). Il montre surtout « l'audace de la

---

(1) *Procès-verbaux*, t. VIII, p. 1816-1817 ; le mémoire est aux pièces justif., p. 566 sq.

(2) *Procès-verbaux*, t. VIII, p. 2029 ; le Mémoire et la Réponse aux Pièces justif., p. 685-687.

(3) *Procès-verbaux*, t. VIII, p. 2225 sq.

secte qui, rassurée par l'impunité, à la vue des fidèles, presque sous les murs de nos églises, arbore l'étendard du schisme ; ses prédicants y débitent leurs maximes fanatiques, font la Cène, administrent le baptême, célèbrent les mariages... » Il conjure le jeune roi « d'achever l'ouvrage que Louis le Grand avait entrepris, et que Louis le Bien-Aimé a continué : il aurait eu la gloire de le finir, si les ordres qu'il ne cessait de donner avaient été exécutés. L'hérésie serait entièrement éteinte dans ce royaume ; ou si elle y respirait encore, ce ne serait que dans l'obscurité et le silence.... Il vous est réservé, Sire, de porter le dernier coup au calvinisme dans vos Etats... » Louis XVI fit à peu près la même réponse que son prédécesseur : « Je vais me faire instruire en détail des faits dont l'ensemble excite les plaintes du clergé. Je pense que plus ces entreprises sont multipliées, plus elles exigent de ma part de profondes considérations... Le clergé peut s'en rapporter au zèle que j'aurai toujours pour maintenir sans altération la foi catholique, et pour conserver ses ministres dans l'entier et paisible exercice de leurs fonctions. »

Cette fois le clergé (1), vu l'importance de la matière, insista de nouveau auprès du roi pour le prompt et entier succès des mémoires qu'il avait présentés. On prêtait en effet à Louis XVI des dispositions trop bienveillantes pour les protestants ; dans cette seconde visite, le roi « crut devoir protester que les bruits qui peuvent courir à ce sujet sont sans fondement, ne lui ayant pas même été fait à cet égard (notamment la liberté des mariages) aucune proposition ».

---

(1) *Procès-verbaux*, t. VIII, p. 2228 sq ; Pièces justif., p. 711 sq.

CHAPITRE VI

Du mariage des Protestants.

Arrêtons-nous quelque peu à l'importante question du mariage des protestants, qui passionna tant l'opinion publique en France dans la seconde moitié du xviii° siècle. Bien que les assemblées du clergé n'aient pas eu à discuter au fond cette question, comme elle touchait à la fois à la théologie et à la politique, il est bon d'en dire ici quelques mots ; la solution qui lui fut donnée, comme nous le verrons, fut une sorte d'acheminement vers le mariage civil, tel qu'il est pratiqué de nos jours.

Sous le régime de l'édit de Nantes, la question n'avait pas été posée : les protestants pouvaient convoler en justes noces par devant leurs ministres. Ce privilège leur était accordé par les « particuliers » de l'édit de Nantes ; les causes matrimoniales étaient portées devant les juges royaux, et même pendant quelque temps les consistoires purent en connaître.

Ces mariages pouvaient être regardés comme valides même au point de vue théologique : on pouvait soutenir avec quelques gallicans que, le concile de Trente n'ayant pas été officiellement publié en France, la présence du propre curé n'était pas nécessaire à la validité du mariage. L'Église, d'ailleurs, pour éviter autant que possible les unions illégitimes et leurs conséquences, s'est toujours montrée très accommodante sur ce point, surtout en pays protestant.

Quoi qu'il en soit, Louis XIV lui-même laissa ce droit aux calvinistes. Un arrêt du 15 septembre 1685 le leur reconnaissait formellement, et celui du 22 octobre suivant, par lequel était révoqué l'édit de Nantes, ne le leur enleva point ; de sorte que les protestants qui voulaient, comme le leur permettait parfaitement le fameux édit, rester protestants, pouvaient encore se marier validement par devant leurs ministres.

Mais les ministres avaient dû s'exiler, ou renoncer à leurs fonctions. Les protestants pouvaient à la rigueur exiger qu'on rappelât ces ministres pour les marier. En fait, aucun ne le demanda. Presque tous étaient venus à l'église catholique, de gré ou de force, et portaient le nom de nouveaux convertis. Quelques obstinés vécurent « comme dans des mariages véritables, sous la foi d'actes qu'ils s'étaient donnés d'un consentement réciproque », c'est en ces termes que quelques évêques s'en plaignirent à Louis XIV, quelque temps après la révocation de l'édit de Nantes. Les enfants issus de ces unions étaient regardés comme bâtards ; mais par la déclaration du 15 juin 1597, Louis XIV ordonna qu'on recherchât ceux qui vivaient ainsi et qu'on les forçât de faire réhabiliter leurs mariages en face d'Eglise.

On obligeait ces prétendus convertis à accomplir tous les devoirs extérieurs de la religion catholique. Mais dès 1698 M. de Noailles, qui avait alors très grand crédit à la cour, obtint une déclaration qui dispensait les nouveaux convertis de cette assistance à l'église (1). Elle fut rendue contre l'avis de plusieurs évêques qui avaient beaucoup de protestants dans leurs diocèses ; Fléchier de Nîmes, Godet Desmarets de Chartres surtout voulaient même que l'on forçât les calvinistes à faire leurs Pâques et exigeaient de longues épreuves pour le mariage. Ils étaient loin de penser comme M. de Noailles, qui avait été jusqu'à proposer au roi d'autoriser les mariages des calvinistes en présence d'un juge royal.

Louis XIV crut lever toute difficulté en déclarant quelques mois avant sa mort, en 1715, qu'il n'y avait plus

---

(1) *Mémoires du Clergé*, t. I, p, 2056 sq.

de protestants en France. La déclaration fut renouvelée en 1754 et l'on vécut désormais sur cette fiction.

Mais il y avait encore des protestants, comme aussi des Pyrénées entre la France et l'Espagne, et la situation devint bientôt intolérable. Il y avait profanation des sacrements. Le clergé, pour y obvier, multiplia les épreuves qui devaient, croyait-on, écarter autant que possible les tromperies.

Les calvinistes plus hardis refusèrent en grand nombre de subir ces épreuves et allèrent se marier « au désert », devant leurs ministres qui commençaient à rentrer, comme nous l'avons vu ; de 1740 à 1752, on comptait de quinze à vingt mille de ces mariages (*Mémoires politicocritiques*, par l'abbé DE CAVEIRAC) ; d'autres vont jusqu'à dire cent mille (*Mémoire théologique et politique* au sujet des mariages clandestins) (1) ! Il fallait à tout prix porter remède à pareil état de choses. Les Parlements se décidèrent, vers 1740, à déclarer nuls tous ces mariages.

Le clergé lui aussi protesta à plusieurs reprises. La première fois ce fut à l'assemblée de 1745 ; voici en quels termes s'exprime l'évêque de Saint-Pons dans le mémoire que nous avons cité plus haut (2) : « Les mariages des huguenots se célébraient encore partout à l'église, il n'y a pas plus de deux ans, après les épreuves qu'on exigeait d'eux pour s'assurer de la sincérité de leur conversion. On n'en excepte que quelques paroisses, où, depuis douze ou quinze ans, les huguenots s'étaient mis peu à peu en possession de cohabiter ensemble comme mariés, sans l'avoir été effectivement à l'église. Ce mauvais exemple, quoique commode, a été longtemps à s'étendre ; mais depuis 1743, ces concubinages se sont multipliés partout ; en sorte qu'ils ne se marient presque plus autrement, même dans les villes principales, et sous les yeux des évêques. Ils se flattent que la multitude des coupables

---

(1) Cités par Malesherbes dans son *Mémoire sur le mariage des Protestants*, 1785.
(2) *Procès-verbaux*, t. VII, p. 2017 sq.

produira l'impunité : aussi se hâtent-ils d'en grossir la nombre et de profiter de l'espèce de liberté qu'ils s'imaginent avoir. Ces prétendus mariés se cachaient il y a six mois ; aujourd'hui les noces se solennisent comme si le mariage s'était fait conformément aux lois du royaume, et on commence à s'accoutumer à des choses qui peu auparavant étaient regardées commes des abus insupportables.

« Pour favoriser ces mariages illégitimes, les notaires huguenots, qui sont en très grand nombre, ont retranché, de leur propre autorité, des contrats de mariages, la clause par laquelle les parties promettaient de faire bénir leur mariage selon l'usage de l'Eglise catholique, apostolique et romaine. A cette clause ils en ont substitué une autre qui laisse aux parties la liberté de se marier où bon leur semble.

« Cette multitude de religionnaires, mariés par les prédicants, qui augmente tous les jours, va former avec leurs enfants un peuple engagé par état à persévérer dans l'erreur, sans espoir de conversion. Car à qui d'entre eux pourra-t-on persuader dans la suite d'embrasser une religion qui condamne et leurs mariages, et leur naissance ? »

D'ailleurs au sujet de la conduite à tenir envers les protestants, le clergé lui-même était très partagé. Les uns, comme autrefois Bossuet et le cardinal de Noailles, et plus récemment l'abbé Robert, dans un mémoire fort documenté, voulaient laisser aux protestants entière liberté. D'autres au contraire, comme l'évêque d'Alais et en général les évêques des diocèses les plus atteints de calvinisme, voulaient s'en tenir aux moyens de rigueur. L'évêque d'Alais, dans sa *Réponse à M. l'Intendant de X...*, « dattée du 6 octobre 1751 », veut faire réhabiliter et recommencer les mariages et les baptêmes protestants.

Il y eut d'ailleurs à ce sujet une vive polémique, qui se renouvela à deux reprises autour de 1750 et de 1780. Dans les nombreux ouvrages publiés à cette occasion les arguments sont à peu près toujours les mêmes pour prouver soit que la rigueur convertira les calvinistes, soit, d'autre part, que le roi est le maître d'établir sans l'intervention de l'Église une forme légitime pour les mariages de ses sujets protestants, et de valider ceux qui sont déjà faits : c'est la théorie soutenue dès 1756 par M. de Malesherbes dans son premier *Mémoire théologique et politique,* etc ; on voit que l'idée de notre mariage civil n'est pas née d'hier. C'est ce que M. René Lemaire établit fort bien dans sa très savante thèse sur le *mariage civil,* bien que peut-être il en rende un peu trop responsable la théologie gallicane.

Le clergé cependant s'entendait à peu près (1) pour protester contre cet état de choses anormal ; mais là encore il faut bien remarquer (2), avec M. René Lemaire, que ce qu'il combattait avant tout, c'était l'exercice public du culte protestant, dont le mariage n'était qu'une partie. « Le clergé de France (3), dit Viollet dans son *Histoire du droit civil français,* approuvait hautement la pensée de donner aux mariages des protestants une sanction légale... mais il redoutait la liberté du culte protestant. » C'est aussi ce qui résulte des nombreux mémoires au roi que nous avons cités et dans lesquels les assemblées protestent contre les empiétements des calvinistes.

Quant aux Parlements, ils s'obstinaient à déclarer nuls les mariages faits « au désert » ; ils exigent que les protestants se marient selon la forme sacramentelle et ne proposent jamais de les marier hors de l'église. Joly de Fleury va même jusqu'à leur conseiller de pour-

---

(1) Bachaumont (*Mémoires secrets,* 26 juillet, 15 septembre) prétend qu'en particulier l'archevêque de Toulouse, M. de Brienne, entrait dans les vues du gouvernement en faveur des protestants, et il raconte comment échouèrent auprès de l'assemblée de 1775 plusieurs manœuvres de cet ami de Voltaire et de d'Alembert.
Le chroniqueur philosophe ajoute, à la date du 25 septembre : « On désespère aujourd'hui que le rétablissement des protestants en France ait lieu par la complaisance trop grande du gouvernement pour le clergé qu'il a bien voulu consulter et dont il demande le concours. L'assemblée actuelle est composée d'un trop grand nombre de prélats fanatiques, pour qu'ils adoptent des vues si propres à augmenter la richesse et la population de la France. »

(2) *Le mariage civil,* p. 80. Paris, Larose.

(3) Viollet, *Histoire du droit civil français,* p. 349, cité par René Lemaire.

suivre par l'appel comme d'abus les curés qui refuseraient de les marier. C'était encore une manière de vexer le clergé.

Enfin, après plus de cent ans, la question fut résolue par le célèbre édit de novembre 1787 concernant ceux qui ne font pas profession de la religion catholique. Malesherbes avait demandé cette solution en deux mémoires fameux ; ce fut Loménie de Brienne qui l'obtint de Louis XVI : « Le cardinal de Loménie (1), disait à ce sujet Malesherbes, sans doute par l'ascendant de l'état qu'il professait, fut plus heureux que moi. Sous son ministère, les protestants ont recouvré la jouissance de l'état civil. »

Voici comment était réglé le mariage des protestants (2). Les parties contractantes, disait l'article 17 de l'édit, se transporteront, assistées de quatre témoins, en la maison du curé ou vicaire du lieu où l'une des dites parties aura son domicile, ou en celle dudit juge, et y déclareront qu'elles se sont prises et se prennent en légitime et indissoluble mariage, et qu'elles se promettent fidélité... », et l'article 18 ajoute que « ledit curé ou vicaire, ou ledit juge, déclarera aux parties, au nom de la loi, qu'elles sont unies en légitime et indissoluble mariage, inscrira... »

Ce n'est autre chose, comme on le voit, que notre mariage civil... contracté par devant le curé.

Ce n'était pas là évidemment la solution que les assemblées du clergé avaient réclamée ; mieux eût valu encore l'état de choses qui précéda la révocation de l'édit de Nantes ; car du moins le mariage des protestants avait encore un caractère religieux.

L'assemblée de 1788 protesta, comme c'était son devoir, contre cet édit de tolérance qui mettait sur un pied d'égalité les deux religions (3) : Le protestantisme y avait-il droit réellement ? Etait-ce lui, comme le

---

(1) Paroles de Malesherbes, rapportées dans les *Dernières années du règne de Louis XVI*, p. 427.
(2) ISAMBERT, t. XXVIII, p. 472 sq.
(3) *Procès-verbal de l'assemblée de 1788*, p. 297 sq.

disait l'archevêque de Narbonne à Louis XVI, qui avait présidé à l'établissement de la religion dans les Gaules et qui, formant des liens étroits entre les Gaulois et les Francs, avait adouci les mœurs de ces conquérants enorgueillis de leurs victoires ? Etait-ce le protestantisme qui avait appris aux souverains les droits de l'humanité, suspendu la fureur des guerres, brisé les chaînes de la servitude, conservé les restes précieux des arts, des sciences et des lettres ? Non ; tout cela était l'ouvrage de l'antique foi de la France. Pour le protestantisme, en fait de services rendus au pays, il n'avait à présenter qu'une guerre civile et acharnée de quarante ans de durée, le plan bien arrêté de renverser la monarchie pour lui substituer une république fédérative, qui bientôt eût dégénéré en anarchie ; et pour combler la mesure, les spoliations, les dévastations, les sacrilèges et les meurtres sans nombre dont notre histoire est remplie. En inaugurant la liberté d'examen il avait épanché dans bien des esprits le doute, le mépris, l'incrédulité, d'où naquit la fausse philosophie... »

Louis XVI répondit tranquillement : « En accordant aux protestants l'état civil, j'ai eu soin de maintenir l'unité du culte public dans mon royaume. La foi que j'ai reçue de mes pères sera toujours la foi nationale et dominante dans mes Etats. »

L'assemblée n'insista pas ; pareil aveuglement était incurable. Quatre ans plus tard, Louis XVI montait sur l'échafaud ; le culte de la déesse Raison était installé à Notre-Dame...

CHAPITRE VII

De la Caisse des ministres convertis.

Le clergé de France travailla avec persévérance à ramener à l'Eglise catholique les calvinistes et leurs ministres ; parfois, en vertu même des principes alors en vigueur dans toute l'Europe il ne recula pas devant la rigueur : il usait de tous les moyens que lui permettait l'opinion publique d'alors.

Cependant on peut dire qu'il n'agissait ainsi que pressé par la charité fraternelle ; car il voulait avant tout sauver des frères égarés, et dans sa foi robuste, il était sincère : à ce titre il mérite le respect de l'histoire.

Aussi accueillait-il avec grande joie les nouveaux convertis, et il se gardait bien de les abandonner, car leur sort eût été trop malheureux ; très souvent il leur fallait, quoi qu'on en ait dit, un réel courage pour revenir à l'Eglise ; ils avaient à braver la haine, les menaces et parfois les mauvais traitements de ceux qu'ils quittaient ; très souvent ils étaient chassés de leurs familles dont le fanatisme était encore exaspéré par la persécution : il fallait donc que des secours matériels et spirituels leur fussent assurés.

Nous n'avons à parler ici ni des établissements des nouveaux et nouvelles catholiques, ni de la caisse des conversions, que dirigea Pellisson, converti lui-même : c'étaient là des fondations du roi, et les assemblées du clergé ne s'en occupèrent qu'incidemment.

Mais ce qui leur appartient en propre, c'est la création et l'entretien de la caisse dite des ministres convertis, dont il nous reste à parler.

Le clergé de France avait compris très vite que ce qui empêchait surtout les ministres calvinistes de se convertir, c'était le sort lamentable qui leur était réservé après leur conversion : ils perdaient par le fait leur place et leur gagne-pain ; ils étaient souvent chargés de famille et leur parenté les repoussait : il était nécessaire de ne pas les abandonner.

Aussi, dès 1598 (1), M. Berthier, chanoine et archidiacre de Toulouse, agent sortant, demanda pour eux « quelque petit fonds, attendu que l'on est duement averti que plusieurs d'entre eux demeurent dans leur erreur, crainte de mendier, eux et leur famille ». Quoique très motivée, cette proposition souleva de vives discussions : on s'accordait sur le principe, mais la difficulté comme toujours était de trouver l'argent : on ne voulait pas faire de levée extraordinaire à cet effet, les procurations ne donnant pas pareil pouvoir ; on craignait que l'argent, s'il allait à la caisse générale à Paris, n'en revînt jamais sous forme de secours aux ministres convertis : chaque évêque devrait bien plutôt recueillir ce qu'il pourrait et faire lui-même la répartition dans son diocèse ; à cela d'autres répondaient que les ministres à subventionner étaient précisément plus nombreux dans les diocèses dont les bénéfices avaient le plus souffert des guerres de religion.

Malgré l'opinion de six provinces, on prit un moyen terme et c'était le bon. On décida que jusqu'en 1600 une somme de 3.000 écus serait levée au pied de la décime sur tous les bénéficiers de France, les curés exceptés, car vraiment il y avait peu à prendre chez eux, et distribué « aux ministres vraiment convertis, et qui auront fait preuve de leur conversion par bonne vie et fruits dignes de pénitence, entre lesquels seront pré-

(1) *Procès-verbaux*, t. I, p. 653-654.

férés les originaires français ». La distribution devait être faite par le receveur général, mais sur les indications et l'avis des évêques.

« L'état des ministres convertis » était créé, mais il était encore bien informe. Les conversions étaient encore à cette époque assez rares, et l'on devait être tenté de donner une autre destination aux 3.000 écus votés. En effet l'assemblée de 1600 (1), tout en continuant les pensions et en votant la même somme, fait bien observer que « les deniers ne pourront être divertis à d'autres usages, ni distribués par d'autres personnes ni autrement qu'aux ministres, pour quelque cause et occasion que ce soit ».

Mais il faut croire que l'exemple de Henri IV et la certitude de ne pas être privé de ressources multiplièrent bien vite les conversions parmi les ministres, car en 1608, l'allocation est portée brusquement à 30.000 livres. Le clergé, d'après Elie Benoît (2), aurait demandé au roi de fournir lui-même des pensions aux ministres convertis, mais le malin Béarnais « qui voulait charger la bourse du clergé de cette dépense, plutôt que son épargne, lui aurait fait écrire par le pape un bref qui l'exhortait à faire lui-même ce fonds ».

Que le roi ait donné ou non ainsi « agréablement le change » au clergé dans cette affaire, peu nous importe ; ce qu'il y a de certain, c'est que le bref du pape existe (3). Lecture en fut donnée à l'assemblée par le cardinal de Joyeuse ; le cardinal du Perron fut chargé de rédiger la réponse. Le pape n'y parlait pas tout spécialement des ministres convertis, mais simplement des convertis en général et il exhortait le clergé à pourvoir à leur subsistance en prenant sur ses deniers.

L'assemblée en conséquence, « reconnaissant le zele de Sa Majesté à la conversion des dévoyés, et pour se conformer aux exhortations de Sa Sainteté, augmenta,

---

(1) *Procès-verbaux*, t. I, p. 678.

(2) *Histoire de l'édit de Nantes*, t. I, p. 451.

(3) Voir le texte du bref et le règlement de l'assemblée. *Mémoires du clergé*, t. VII, p. 1504 sq.

comme nous l'avons vu, le fonds annuel et dressa un état des pensionnaires.

Un règlement est dressé : entre deux assemblées, les agents généraux pourront accorder de nouvelles pensions de concert avec le bureau général et les prélats qui se trouveront à Paris. Ne seront pensionnés que ceux « qui auront été ministres ou enseigné actuellement l'hérésie en université par leçons publiques ». Ils devaient présenter une attestation de conversion délivrée par l'évêque, produire chaque année un certificat de persévérance, également signé par l'évêque, et à cette condition seulement ils seraient payés, dans leur généralité, pour leur épargner le voyage de Paris.

Le règlement entre dans beaucoup de détails ; il semble avoir voulu prévenir le plus possible toute malversation ; il y en avait sans doute déjà eu car « on en avait fait de très mauvais rapports au roi ».

La Chambre ecclésiastique des états généraux de 1615, qui fit tant de réformes... provisoires, dressa (1) aussi « un bon et grand règlement et retranchement sur la dépense » des ministres convertis ; ce fut la forme définitive donnée à cette institution.

Jusqu'ici la dépense était rejetée sur les frais communs des assemblées : désormais chaque diocèse doit payer d'après un rôle dressé à l'avance ; des pensionnaires indignes ou incapables émargeaient déjà au budget, parce qu'il y avait trop d'intermédiaires entre la demande et la réponse ; désormais cela regardera uniquement l'assemblée, le receveur général et les évêques ; l'assemblée du clergé, d'après l'acte d'abjuration signé de l'évêque, fixera le taux de la pension, le receveur général la paiera directement aux intéressés sur le certificat de persévérance délivré par l'évêque et transmis par les agents généraux. L'évêque restait chargé de la surveillance des ministres pensionnés ; une plainte venant de lui pouvait faire suspendre le paiement ; mais l'assemblée seule pouvait supprimer la pension ou en modifier le taux.

(1) *Procès-verbaux*, t. II, p. 209.

En 1615 (1), on vota encore la somme de 30 000 livres : l'état de cette année ne porte cependant que 18.000 livres réparties entre vingt-six ministres : le surplus devait être donné provisoirement à d'autres pensionnaires.

Malgré cette sage réglementation, les abus ne tardèrent pas à reparaître : peu à peu les prélats présents à Paris reprirent l'habitude d'accorder des pensions (2) : c'était nécessaire en somme, car les assemblées se tenaient à intervalles trop éloignés, et sans ces charitables prélats de cour, les ministres convertis auraient eu tout le temps de mourir de faim.

Mais ces bons prélats étaient sans doute plus que d'autres accessibles à la brigue et n'y regardaient pas de si près. Ils accordèrent parfois des pensions à des ministres indignes (3) ; en 1627, ils allèrent même jusqu'à remanier l'état arrêté en 1625 : des lettres patentes avec un arrêt du conseil approuvèrent même ce nouvel état ; une requête des agents et du receveur général obtint que « les pensions seraient payées selon l'état de 1625, plusieurs prélats n'ayant aucun pouvoir de changer ou innover les ordres de l'assemblée générale ». En 1645 (4), on doit rayer de la liste un individu « qui était gratifié bien qu'il n'eût jamais été ni ministre ni proposant ».

Évidemment ce ne sont pas les procès-verbaux du clergé qui nous renseignent à ce sujet : ils évitent même de parler de ces fraudes et de ces abus. Nous les connaissons par un *Avis à Messieurs du Clergé au sujet des Ministres convertis*, 1633 (5). C'est une brochure écrite par le sieur Comte, un mécontent dont la pension avait été réduite sans motif, selon lui, au

---

(1) *Procès-verbaux*, t. II, p. 276 sq.

(2) L'assemblée de 1621 leur rendit ce droit, *Procès-verbaux*, t. II. p. 373.

(3) *Bulletin Historique et Littéraire*, 15 mai 1902, p. 230.

(4) *Procès-verbaux*, t. III, p. 400-401.

(5) Bibliothèque Nationale Ld 176 110, cité par le *Bulletin Historique et Littéraire*, p. 231

profit d'un escroc ; il est très probable que la rancune n'est pas étrangère à ses révélations et qu'elle exagère la réalité des choses. Quoi qu'il en soit, il prétend que, parmi les pensionnaires du clergé, il y a bien des imposteurs et des faussaires qui n'ont jamais été ni ministres ni proposants : l'un fabrique un acte d'abjuration, l'autre use des attestations et quittances d'autrui, un troisième, qui ne sait ni lire ni écrire, porte toujours des attestations et passeports des deux partis dont il fait sa vache à lait et, dans les rencontres, tourne sa casaque du côté qu'il juge le plus expédient pour le bien de ses affaires... Il n'y a bonne maison dans Paris où ils ne se donnent entrée, ni personne de condition sur qui, en vertu de leurs patentes et pancartes, ils ne prennent divers tributs selon la crédulité de ceux à qui ils ont affaire. Il n'est pas jusqu'au cabinet du roi qu'ils n'ouvrent grâce à ce beau passe-partout de conversion. »

L'on comprend d'ailleurs qu'il était assez difficile de contrôler exactement tous les cas dans tous les diocèses, et la commission nommée à cet effet dans chaque assemblée avait vraiment trop à faire. L'assemblée recommandait bien de faire des enquêtes sévères, mais ses recommandations n'étaient pas toujours suivies.

En 1665 (1), une lettre circulaire est envoyée à chaque évêque pour savoir le nombre des ministres convertis encore vivants : il y avait sans doute des morts qui, comme de simples victimes du 2 décembre, continuaient de passer à la caisse. Par contre, à cette même assemblée, il fallut ressusciter Jolly, proposant converti, qui était porté comme mort, et lui payer de nouveau sa pension, car il était bien vivant. La même opération se produisit en 1670 (2) pour Meissonnier, ancien ministre, et en 1702 pour Elisabeth Buthor, veuve d'un ministre de même nom ; on l'avait

---

(1) *Procès-verbaux*, t. IV, p. 1049.
(2) *Procès-verbaux*, t, V, p. 145.

crue morte, mais « attendu qu'elle se porte bien... », dit le procès-verbal...

Les pensionnaires présentaient parfois des quittances à viser, non « scellées par les grands vicaires des diocèses, ce qui donnait lieu à beaucoup de faussetés (1) ». A la requête de l'abbé de Grammont, promoteur, on en avise les évêques en 1670.

La même assemblée découvrit bien autre chose : le sieur Barbot émarge au budget des ministres en qualité de huguenot converti ; or ledit Barbot est un honnête (?) chanoine d'Angoulême, qui n'a jamais professé la religion de Calvin, pas plus que le pape. On croit empêcher de pareilles méprises à l'avenir, en faisant un nouveau règlement et surtout en dressant un nouveau modèle de certificats et de quittances pour tous ceux qui sont sur l'état du clergé.

Cependant le clergé ne se contentait pas de fournir des ressources aux ministres convertis, il voulait aussi les utiliser et en tirer le meilleur parti possible.

Un évêque avait proposé en 1615 de les réunir en une sorte de séminaire « pour les préparer à recevoir les ordres ; ils y seraient pendant cinq ans sous la direction de quelques personnes pieuses et de qualités requises, et sous la surintendance des pères jésuites ou des prêtres de l'oratoire, avec un bon règlement et une bonne discipline ; ils iraient ensuite dans les diocèses pour travailler à la conversion de leurs anciens coreligionnaires ».

Mais cette proposition n'eut pas de succès (2), on craignait sans doute que la dépense ne fût trop grande et le résultat trop petit ; et puis les ministres auraient-ils accepté volontiers ces conditions ? On s'en tint donc au certificat annuel par lequel l'évêque assurait que le pensionnaire était de bonne vie et mœurs, assistait aux offices et fréquentait les sacrements. Il devait rester dans le diocèse, où il était employé selon ses apti-

---

(1) *Procès-verbaux*. t. V, p. 145.
(2) *Procès-verbaux*, t. II, p. 277, 311.

tudes sous la surveillance de l'évêque à des œuvres utiles.

Quelques-uns portaient le titre de « controversistes du clergé, » et de ce chef étaient assez grassement rétribués. Ainsi Coras, ministre converti et juge royal à Montauban, reçoit de l'assemblée de 1665 une pension de 1.000 livres « parce qu'il a fait un livre pour expliquer les motifs de sa conversion ».

De 1625 à 1650 environ, il paraît que le gouvernement royal utilisa les ministres convertis comme agents secrets de sa politique. Quand un ministre déclarait vouloir se convertir, il recevait en secret une pension ; on retardait à dessein l'acte public de son abjuration (1), et avant que sa détermination ne fût connue, il était chargé « de porter les populations à la paix et à la soumission ». Quelques-uns même auraient servi d'espions. En 1625 (2), par exemple, une pension est donnée à un ministre dont le nom est laissé en blanc sur l'état ; « son abjuration est différée par commandement du roi, comme servant Sa Majesté contre ceux de La Rochelle ». Richelieu, en 1641, veut que l'on diffère la conversion de deux ministres « jusqu'à un temps auquel elle serve d'exemple à plusieurs autres ». On se contente d'une profession de foi secrète, et on accorde la pension demandée en laissant le nom en blanc.

Quelques évêques même demandent des pensions pour des ministres dont ils font espérer la conversion, par exemple, celui d'Orange en 1635, celui de Sisteron en 1641, mais ils jouent là un jeu dangereux et ils sont parfois trompés dans leurs espérances, comme celui d'Uzès qui avait fait ainsi pensionner trois ministres ; mais on dut en rayer deux « qui n'avaient donné aucune marque assurée de ladite conversion ». A partir de 1650 on ne trouve plus trace de rien de semblable.

Etait-ce donc là, comme on l'a dit, une coutume

---

(1) BENOIT, t. II, p. 101, 329, cité avec défiance par le *Bulletin historique et littéraire*, p. 234.

(2) *Procès-verbaux*, t. II, p. 601, 781 ; t. III, p. 72, 400.

immorale, une prime à l'espionnage ? D'abord il faudrait que le fait de l'espionnage fût prouvé, et il est loin de l'être par les textes assez vagues que nous venons de rapporter. N'est-il pas assez légitime qu'avant de se déclarer, les ministres, une fois convaincus qu'ils sont dans l'erreur, usent de leur influence auprès de leurs amis, pour les en retirer eux-mêmes et multiplier les conversions ? Leur action devait de cette manière être beaucoup plus efficace.

Que le clergé ait montré, en se prêtant à cette conduite, plus de diplomatie que de scrupules, il est permis d'en douter : Outre que la modicité relative de la pension qu'il fournissait ne pouvait être qu'un stimulant peu actif, est-ce qu'il pouvait accepter de but en blanc l'abjuration des ministres, est-ce qu'il ne devait pas exiger quelque temps d'épreuve ? Telle a toujours été la pratique de l'Eglise qui n'accepte jamais de religieux sans noviciat, ni de nouveau catholique sans un stage plus ou moins long à la porte de l'Eglise.

Dans la seconde moitié du xviie siècle, une autre œuvre, connexe cependant à celle des ministres convertis, vint solliciter la caisse du clergé ; c'était celle des nouveaux et nouvelles catholiques (1), œuvre très utile qui établissait un peu partout « des maisons pour recevoir et nourrir les personnes nouvellement converties de l'un et de l'autre sexe, lesquelles souvent sont abandonnées et maltraitées par leurs parents après leur conversion. » L'assemblée de 1655, « considérant que cet établissement est très utile particulièrement pour attirer le petit peuple de la R. P. R. et qu'il a du rapport à l'emploi des 32.000 livres destinées par le clergé pour les ministres convertis », résolut de leur venir en aide et vota 1.500 livres « que le sieur de Mannevillette devra payer au porteur de ladite procuration ». Les principales maisons secourues étaient celles de Paris, de Grenoble, de Toulouse, d'Aix, puis de Poitiers, d'Avignon, de Montpellier.

---

(1) *Procès-verbaux*, t. IV, p. 407.

Ces établissements rendirent de grands services dans l'œuvre des conversions entreprise par Louis XIV ; car ils assuraient la persévérance et la tranquillité de beaucoup de convertis. Les assemblées continuèrent de leur fournir des subsides, que se partageaient une cinquantaine de communautés.

Cependant en 1745 (1) on leur fit « de justes et prudents retranchements », car elles pouvaient désormais vivre sans ces secours. « Les maisons des nouvelles catholiques, dit l'archevêque de Tours, M. de Rastignac, sont depuis longtemps subventionnées ; mais les motifs pour lesquels ces pensions leur avaient été accordées ne subsistant plus, elles ne peuvent se plaindre de ce traitement. » Et l'archevêque ajoutait dans son rapport que « ces motifs étaient non seulement leur pauvreté dans le commencement de leur institut, mais particulièrement l'instruction des filles des nouveaux convertis, qui n'étaient pour lors élevées que dans leurs maisons ; que l'on savait que plusieurs de ces maisons étaient actuellement riches et aisées ; que les autres pouvaient se passer de secours ; que l'instruction et l'éducation des filles que l'on retirait des mains des parents religionnaires se faisaient également dans d'autres communautés ; que dans ces circonstances, en laissant jouir ces maisons d'une partie des bienfaits du clergé, on pourrait, dans cette réduction si juste et si louable, trouver de quoi substituer de véritables pauvres à des maisons qui ne souffrent pas... » En conséquence l'allocation fut considérablement réduite : dans le dernier état, celui de 1785 (2), le nombre des maisons de nouveaux et nouvelles catholiques est toujours le même, mais on ne leur donne plus que 8.000 livres.

Quant à la caisse des conversions, celle de Pellisson, le clergé n'y contribua pas directement : Elie Benoit, dans sa très peu impartiale *Histoire de l'Edit de Nan-*

---

(1) *Procès-verbaux*, t. VII, p. 2090 sq.
(2) Archives Nat., G8, 851.

tes, trouve le fait singulier et reproche au clergé cette abstention dont il fait mine de se scandaliser : « Il semble, dit-il (1), qu'il aurait pu consacrer à cet ouvrage une assez grosse partie de ses immenses richesses... , mais l'importance de ce projet ne le pouvait porter à ouvrir sa bourse, et il aurait plutôt abandonné le saint ouvrage des conversions que d'en faire lui-même les frais. » Cette lourde ironie, qui voudrait être méchante, n'est que ridicule et injuste : nous savons ce qu'il faut penser de ces « immenses richesses » du clergé et comment elles étaient employées au bien général. Du reste cette caisse des conversions elle-même était en grande partie alimentée, quoique indirectement, par les biens du clergé : elle recevait une partie du revenu des bénéfices mis en régale par la vacance du titre, et cette vacance était bien souvent prolongée à dessein pour grossir ledit revenu (2). Non certes, le clergé ne s'est pas contenté « de prêcher, de catéchiser, de demander au roi des mesures de persécution » pour faire observer l'édit de Nantes, il a su aussi « ouvrir sa bourse » aux protestants ; il nous reste à voir avec quelle générosité il le fit.

Le fonds annuel de 30.000 livres, trop considérable en 1615, devint assez vite insuffisant. Dès 1645 (3) on fut obligé de retrancher 2.400 livres au sol la livre sur tous les pensionnaires, afin d'en gratifier de nouveaux. En 1660 les pensions excèdent de 6.000 livres la somme votée ; le receveur général est obligé d'avancer de l'argent. Le nombre des ministres convertis augmente en effet singulièrement à cette époque : douze nouveaux en 1660, douze en 1665, onze en 1670, treize en 1675, etc.

On essaie d'abord de satisfaire à toutes les demandes sans augmenter le fonds de 30.000 livres et l'on a recours

---

(1) T. IV, p. 351, 442.
(2) *Mémoires* de Sourches, IV, p. 348 et V, p. 53, cité par *Bulletin Historique et Littéraire*, p. 226.
(3) *Procès-verbaux*, t. III, p. 400-401 ; t. IV, p. 787.

à divers expédients. En 1670 (1) on réduit chaque pension de 18 deniers pour livre (7 0/0) ; on propose que les « biens et revenus que les consistoires possèdent leur soient ôtés, parce qu'ils ne peuvent pas en posséder, ne faisant aucun corps de communauté dans le royaume ». Sur cet article Mgr de Meaux dit « qu'il serait bon de demander au roi que le revenu des prêches supprimés fût employé à l'entretien des ministres convertis ».

Cependant le public lui-même trouvait la somme votée insuffisante : on pensait que le clergé pouvait et devait faire plus ; c'est du moins ce que proposait l'auteur d'une *Dissertation sur les pensions selon les libertés de l'Eglise gallicane* : il souhaitait que les pensions fussent plus fortes et plus communes.

D'Aguesseau, l'intendant du Languedoc, adressa au roi un *Mémoire sur les moyens dont on peut se servir pour la conversion des ministres de la R. P. R.* (2). Il pensait avec raison qu'en attirant les ministres on gagnerait peu à peu le troupeau... et que sans employer de moyens violents, la pension des ministres convertis, plus largement distribuée, pouvait aider singulièrement l'entreprise de Louis XIV.

« Mais, ajoute-t-il, ils ne se fieront jamais à des promesses générales, ni à des pensions du roi dont ils appréhendent qu'on ne cesse de faire le fonds au bout de quelques années... » En conséquence il demande formellement que le clergé élève à 300.000 livres la somme qu'il vote pour chaque année ; et pour rendre les pensions plus sûres, par conséquent plus recherchées, il propose de les assigner sur les bénéfices eux-mêmes et de consacrer le tout par des lettres patentes, des arrêts du conseil, des brevets du roi. Il serait bon aussi d'après lui d'assurer une pension aux veuves des ministres, et de dédommager les enfants, surtout les gar-

---

(1) *Procès-verbaux*, t. V, p. 145 ; p. 56.
(2) Bibl. Nat., manuscrits français, 7044, f° 25, cité par le *Bulletin historique et littéraire*, p. 237.

çons, qui autrefois s'établissaient aisément comme ministres. »

Louis XIV fit en 1680 la démarche proposée par d'Aguesseau (1) : il envoya à l'assemblée ses commissaires Poncet, Colbert, Pussort et Seignelay, et fit demander que l'on doublât le fonds des ministres convertis : « Le clergé, disaient les commissaires, devait considérer que tout ce que Sa Majesté fait de grand et d'utile pour la religion lui donne de justes espérances de voir bientôt ce fonds réuni aux autres par les conversions extraordinaires des hérétiques qui se font tous les jours ; que la fidélité avec laquelle on administre celui qui est déjà fait et l'utilité qu'on en retire ôtent tous les sujets de crainte qu'on avait autrefois que ces fonds fussent détournés et employés à des usages contraires aux intentions du clergé, et qu'ainsi le clergé avait à prendre telle résolution qu'il aviserait bon être sur cette proposition. »

Délibération prise par provinces, il a été résolu « de doubler le fonds destiné pour les ministres convertis et de seconder en cette occasion les pieuses intentions du roi. »

C'était 65.000 livres à trouver chaque année au lieu de 32.000. Un nouveau pied fut établi pour le surplus ainsi voté. Les provinces d'en-deçà de la Loire eurent leur part doublée, celles d'au-delà de la Loire au contraire furent réduites de moitié, de sorte que le nord paya désormais trois fois plus qu'auparavant, le midi une fois et demie seulement.

En 1685, nouvelle demande du roi (1) : que les pensions soient continuées aux veuves des ministres ; que le clergé contribue pour sa part aux missions que le roi se propose de faire donner dans les diocèses pour travailler à la conversion des hérétiques. » Ces propositions, transmises à l'assemblée par son habile président, M. de Harlay, sont acceptées sans discussion.

---

(1) *Procès-verbaux*, t. V, p. 332-333 ; t. VII, p. 1200.
(2) *Procès-verbaux*, t. V, p. 628.

Mais il fallait trouver l'argent : on chargea de ce soin M. de Harlay et le receveur général ; cependant ils devaient en trouver « sans faire à présent aucune imposition ». Ces messieurs n'étaient pas embarrassés pour si peu : au lieu de faire une imposition nouvelle sur les bénéfices, ils contractent un emprunt au nom du clergé : c'est la série des emprunts qui commence et qui va au xviiie siècle créer au clergé de France une dette énorme.

En 1688, le nombre des ministres convertis s'étant beaucoup accru après la révocation de l'édit de Nantes, il fallut encore augmenter le fonds de la caisse. Une assemblée de prélats qui se tint chez M. de Harlay prit cette décision, et l'on s'en tira encore à l'aide d'un nouvel emprunt.

Il est toujours très facile de dépenser, il est moins agréable de payer. Quand l'heure des comptes arriva en 1690 (1), l'assemblée sursauta de surprise : le compte des missions de 1685 à 1687 se montait à 250.000 livres ; celui des anciennes pensions à 50.000 livres avec une centaine de ministres et cinquante communautés ; également 50.000 livres pour les nouvelles pensions données à plus de deux cents ministres ou proposants. C'était d'ailleurs l'époque où le clergé eut le plus à donner pour la conversion des protestants : il déboursait environ 250.000 livres par an : 125.000 livres en missions ; 100.000 livres de pensions distribuées environ à trois cents ministres et à cinquante communautés.

La moyenne des pensions était de 400 livres pour les ministres et de 200 livres pour les proposants ou aspirants ministres ; mais l'assemblée se réservait le droit de donner tantôt plus, tantôt moins. Elle donnait non seulement aux ministres, mais encore à leurs veuves « pourvu qu'elles fussent bonnes catholiques » ; à leurs fils et à leurs petits-fils : en 1710, le sieur Dumoulin, petit-fils du fameux ministre Dumoulin et neveu des sieurs Jurieu et Basnage, reçoit une pension de 500 livres ; à leurs gendres même : en 1695, le sieur de

---

(1) *Procès-verbaux*, t. V, p. 690.

Montenois, gendre d'un ministre converti, reçoit également 500 livres de pension ; à des convertis qui n'ont jamais été ministres, par exemple à Elie-Louis de Baussan : une assemblée particulière lui avait accordé indûment une pension de 500 livres ; l'assemblée générale de 1695 rappelle le règlement... mais ne supprime pas la pension.

L'assemblée de 1690 essaya de protester contre les mesures prises par M. de Harlay (1). L'évêque d'Autun, M. de la Roquette, soutenu par le cardinal d'Estrées, évêque de Laon, prétendit lui demander compte de la manière dont il avait géré les fonds accordés pour les nouvelles pensions par la petite assemblée de 1686 ; il trouvait abusif le pouvoir illimité et sans contrôle donné alors à l'archevêque de Paris. Le président très habilement posa, comme nous dirions aujourd'hui, la question de confiance ; il se dit très offensé de semblable demande, et l'assemblée qui lui était dévouée menaça de priver de voix à l'assemblée suivante quiconque agiterait cette question.

Cette assemblée garda le même nombre de pensions, mais comme elles étaient véritablement trop nombreuses, et que d'autre part le roi demandait alors un subside extraordinaire pour soutenir la lutte contre la ligue d'Augsbourg, on réduisit (2) le taux des pensions à 200 livres pour les ministres, à 100 livres pour les proposants.

Bientôt d'ailleurs, le nombre en fut singulièrement diminué ; la mort en supprimait qu'on ne remplaçait point, un certain nombre pouvaient s'en passer... Le fonds est encore de 80.000 livres en 1691 ; mais en 1695 (3), on décide qu'aucune nouvelle pension ne sera accordée jusqu'à ce qu'on soit revenu au fonds précédent de 65.000 livres. En 1715 (4), il y a 30.000 livres seulement pour soixante-quinze ministres et proposants,

---

(1) DE SOURCHES, *Mémoires*, t. III, p. 254.
(2) *Procès-verbaux*, t. V, p. 690.
(3) *Procès-verbaux*, t. VI, p. 270.
(4) *Procès-verbaux*, t. VI, p. 1413.

quinze veuves, cinquante-quatre communautés. L'excédent est distribué à d'autres pensionnaires qui ont, autant que possible, quelque chose de commun avec le protestantisme : ainsi, en 1715, on accorde une pension de 500 livres au curé de Vézénobres, diocèse d'Alais : « Il avait été attaqué par les fanatiques et laissé pour mort ; il reste paralysé et dans l'indigence. » Les Missions étrangères reçoivent en moyenne 2.000 livres de chaque assemblée ; l'évêque de Québec, 4.000 livres en 1705, 3.000 livres en 1740 ; deux évêques d'Irlande, 600 livres par an ; deux autres Irlandais, 150 livres. Il y a surtout un évêque d'Olonne qui fait régulièrement le siège de chaque assemblée depuis 1660 jusqu'en 1680 et qui en obtient par son importunité d'assez fortes sommes.

Malgré tout, la même somme étant toujours votée, il finit par se trouver dans la caisse un excédent assez considérable.

En 1734 (1), l'archevêque de Paris avait fait remarquer « qu'il y avait plusieurs pensions vacantes qui faisaient un revenant-bon dans la caisse générale ; qu'il croyait que le clergé, toujours attentif à multiplier le bien et à soulager les personnes qui se trouvent rentrées dans le sein de l'Église catholique, par le dépouillement de leurs premières erreurs et des préjugés de l'éducation, ne s'éloignerait pas de faire la disposition des pensions en leur faveur ». En conséquence on avait décidé que le revenant-bon serait partagé entre les pensionnaires.

Mais en 1745 (2) l'archevêque de Tours protesta contre cette décision en reprenant d'ailleurs la question de plus haut : d'après lui, ce dérangement dont souffre le fonds des pensions vient d'abord des expectatives nouvellement introduites, et des pensions données contre toutes les règles dans l'assemblée de 1734 ; il n'est pas possible de satisfaire à toutes les demandes...

---

(1) *Procès-verbaux*, t. VII, p. 1297.
(2) *Procès-verbaux*, t. VII, p. 2090.

Et il ne manque pas d'une certaine ironie quand il rappelle « qu'il se présente tous les jours des personnes de la plus grande naissance, réduites à la dernière misère, qui, ayant sacrifié et leurs biens et leur patrie pour la foi, attendent de la libéralité du clergé d'être soulagées dans leur extrême pauvreté... »

Cependant l'assemblée ne doit pas prendre le parti de ne rien donner ou de ne donner qu'à proportion des fonds qui montent à peine à 600 livres ; cela révolterait également la charité et la religion... »

C'est alors que l'archevêque propose les « justes et prudents retranchements » dont nous avons parlé plus haut au sujet des communautés de nouvelles catholiques et qui furent appliqués aussi aux autres pensions : il fut décidé en effet « qu'on n'accordera plus aucune expectative de pension, et que l'assemblée réglera les pensions sur les fonds présents, et non sur la prévision de ceux qui rentreront ».

Dans l'état fait en 1785, il y a encore près de cinq cents pensionnaires, mais pas un seul ministre converti ; il n'y a qu'une fille de ministre qui partage avec douze nouveaux convertis la somme de 3.000 livres. Depuis assez longtemps déjà l'état des ministres convertis était devenu dans les procès-verbaux l'état des pensions et pensionnaires.

La Révolution de 1790 supprima les pensions et sans doute aussi quelques pensionnaires.

Et ainsi se terminent sous l'ancien régime par la force des choses les rapports entre les assemblées du clergé et le protestantisme. La Révolution apportait ou plutôt consacrait des principes nouveaux de liberté et de tolérance. Ils devaient apaiser bien des vieilles colères et de vieilles rancunes ; il serait à souhaiter, pour la prospérité de la France, qu'ils ne soient jamais méconnus, et qu'ils réalisent l'union morale, puisque l'union intellectuelle, paraît-il, n'est pas possible, entre les enfants d'une même patrie.

TABLE DES MATIÈRES

	Pages.
Avant-Propos	5
Chapitre Premier. — De 1560 à l'Edit de Nantes.	7
Chapitre II. — De l'Edit de Nantes à la prise de La Rochelle	26
Chapitre III. — De l'Édit de Grâce à la mort de Mazarin	44
Chapitre IV. — De la mort de Mazarin à la Révocation de l'Edit de Nantes	63
Chapitre V. — De la Révocation de l'Edit de Nantes à la Révolution	90
Chapitre VI. — Du Mariage des Protestants	102
Chapitre VII. — De la Caisse des Ministres convertis	109

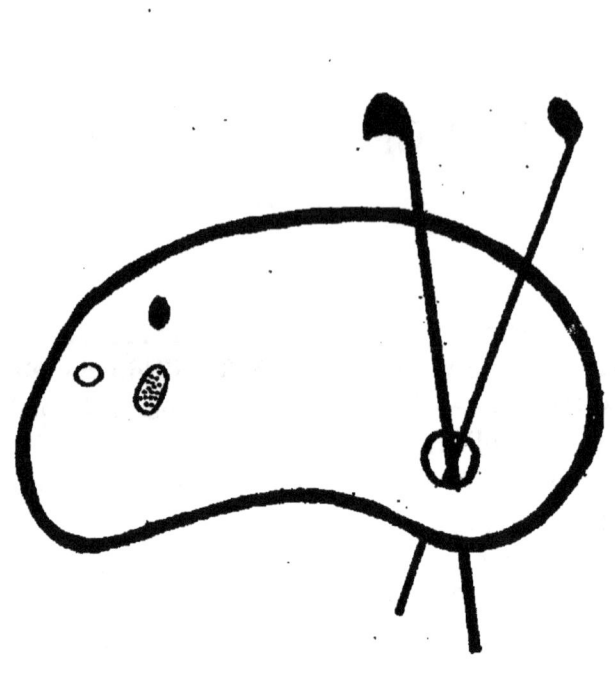

ORIGINAL EN COULEUR
NF Z 43-120-8

www.ingramcontent.com/pod-product-compliance
Lightning Source LLC
Chambersburg PA
CBHW060204100426
42744CB00007B/1160